원 팀으로 이끄는 팀장 리더십

「僕たちのチーム」のつくりかた メンバーの強みを活かしきるリーダーシップ
BOKUTACHI NO TEAM NO TSUKURI KATA MEMBER NO TSUYOMI O IKASHI KIRU LEADERSHIP
Copyright ⓒ 2022 by Itou Youichi
Original Japanese edition published by Discover 21, Inc., Tokyo, Japan
Korean edition published by arrangement with Discover 21, Inc. through Eric Yang Agency.

이 책의 한국어판 저작권은 EYA (Eric Yang Agency)를 통해 Discover 21, Inc.과 독점 계약한 해피한가가 소유합니다.
저작권법에 의하여 한국 내에서 보호를 받는 저작물이므로 무단 전재 및 복제를 금합니다.

원 팀으로 이끄는
팀장 리더십

이토 요이치 지음, 방혜미 옮김

해피한가

들어가며
막막함 속에 놓여있는 모든 팀장님들께 바칩니다

　세상에는 무수히 많은 조직이 존재하고 우리는 이 조직 중 어느 하나에 속해 있다. 조직 안에서는 리더나 팀원 모두 성과를 내려고 노력한다. 하지만 사람마다 업무에 임하는 자세가 다르고 팀원들의 속마음이 어떤지 알 수 없기에 수많은 리더들이 시너지를 발휘하는 팀을 만들기 어려워한다.

　이 책은 이런 고민을 가진 모든 팀장들을 위한 책이다. 이 책에서는 팀원들 모두가 주체의식을 갖고 각자의 강점을 발휘해 결과를 내는 팀을 만들 수 있는 리더십을 이야기한다. 리더십을 높이기 위해서는 무엇보다 개인의 힘을 키우는 것이 중요하다. 이를 혼자서 단련할 수 있는 방법이 있을까? 무엇보다 먼저 '자기주도(Lead the self)', 즉 스스로를 이끌어야 한다.

이를 위해서는 지식이나 기술을 익히는 것보다 '생각'의 변화가 우선이다. '내가 중요하게 여기는 (경험을 통해 얻어진)생각'이나 '내가 지향하는 미래의 나'에 대해 깊이 생각하는 '자기주도'의 마인드가 행동의 원동력이 된다. 이런 마인드를 가지고 일을 하면 시켜서 하는 것보다 성장의 속도가 빠를 수밖에 없다. 자신의 행동에 확신을 갖는 사람은 '자기주도'의 상태에 있다고 볼 수 있는 것이다. 이 마인드는 사람마다 다를 수 있다. '더 나은 세상을 위해서' 혹은 '돈을 많이 벌기 위해서', '누군가의 행복을 위해서' 등 다르겠지만 뭐든 상관없다.

자기만의 기준에 따라 살아가는 행동, 그 자체만으로도 이상적인 내가 되기 위해 지식을 습득하고, 기술을 단련하고, 실무현장에 기꺼이 도전하게 만든다. 도전의 결과 성공할 수도 있고 실패할 수도 있지만 그 결과에서 깨달음을 얻고 이를 바탕으로 행동 기준을 다시 세우고 또 한번 도전한다. 바로 이렇게 자신의 능력을 단련하는 것이다.

하지만 혼자 하는 데에는 한계가 있다

이렇게 나 자신을 리드해 가다 보면 그 길에서 팀을 만난다. 묵묵히 도전하다 보면 리더의 마인드에 동참하는 동료가 생기고 그렇게 팀이 되는 것이다(회사에서는 리더의 마인드에 상관없이 인사이동으로 팀원이 된다). 나는 지금껏 항상 팀으로 일을 해왔다. 같은 업무를 협력하며 수행하는 일반적인 팀, 단기적인 목적을 달성하기 위해 결성된 팀, 서로 다른 전문 분야를 갖고 서로 협력하는 팀 등 다양했다.

현재는 Z홀딩스에서 운영하는 Z아카데미의 학장을 맡아 Z홀딩스 전체를 하나의 팀으로 만들기 위한 다양한 시도를 하고 있고, 일본 최초의 앙트레프레너(entrepreneur) 학부(무사시노 EMC)를 설립한 무사시노 대학에서 학부장으로서 교원, 스태프, 학부생, 각 부서의 직원들과 팀을 이루어 운영하고 있다. 규모와 목적에 상관없이 구성원들이 함께 같은 일을 하고 있다면 그게 바로 '팀'이다.

일을 할때 내 뜻과 생각도 중요하지만 '팀'을 무시하고 할 수 있는 것은 없다. 프리랜서는 혼자 일한다고 생각할지 모른다. 하지만 실제로 일을 하다 보면 당연히 사람과 연결된다. (실제 조직이 아닌) 프로젝트의 구성원도 팀으로 일을 진행하는 것이다.

그러면 '팀'으로 움직일 때 어떤 목표를 세우고, 무엇에 기준을 두어 어떤 것을 단련하고 어떻게 행동하는 것이 좋을까?

팀은 이래야 한다고 정답이 있는 것은 아니다. 그렇기에 내가 갖고 있는 가치관과 어떻게 잘 융합할지 또 사람사이에 생기는 복잡한 문제에 대해서는 어떻게 대처하면 좋을지에 대해 고민을 하게 된다. 회사의 조직이나 프로젝트, 커뮤니티 등의 형태에 따라 완전히 다른 자세를 갖게 되고 목적에 따라서도 움직이는 방식은 전혀 달라질 것이다. 무엇보다도 팀원에 따라서 완전히 다른 방식을 취해야 한다.

내가 제시하는 방법이 유일한 정답은 아니다. 사람마다 팀마다 각각의 답이 있다. 그리고 그 답을 찾아내는 것은 여러분의 몫이다. 내가 제시하는 것은 하나의 기준일 뿐이다. 이 기준을 바탕으로 '우리 팀은 어떻게 해야 할까'라고 고민해 보자. 당신이 팀장이든 팀원이든 각자의 생각에 따라 행동해야 한다. 이 책이 그런 생각의 계기가 되기 바란다.

이 책에서는 리더와 매니저를 같은 역할로 보고 설명한다. 리더십을 다룬 책에서는 대부분 리더와 매니저를 다르게 정의하지만, 리더라면 매니지먼트 능력이 필요하고 매니저 일도 리더십 없이는 불가능하다. 따라서 '리더 = 매니저'로서 리더십과 매니지먼트 능력 2가지 요소가 모두 필요하다고 생각하는 것이 좋다.

리더십이란 팀을 이끄는 사람(Leader)이 갖추어야 할 자세(ship)이다. 그렇다면 매니지먼트는 무엇일까? 동사 manage에는 '관리하다', '경영하다'라는 의미도 있지만, '어떻게든 이루다', '어떻게든 해 나가다'라는 의미도 있다.

"I can manage this situation. (이 상황을 어떻게든 해 보겠다)" 같은 느낌으로 말이다.

매니지먼트를 '어떻게든 하는 것'이라고 생각하면 매니저는 매니지manage를 하는 사람(er), '어떻게든 하는 사람'이다. 이 책에서는 무엇을 어떻게 해야 하는지에 대해서 이야기하고자 한다.

이제부터 수평적인(플랫flat) 팀을 만들기 위해 리더에게 필요한 요소를 7개의 챕터에 걸쳐 다룰 것이다.

서장에서는 리더가 마주한 과제와 그것을 해결하기 위해, '팀원 개개인의 강점을 살리자'라는 부분을 설명한다.

1장에서는 개개인의 강점을 살리는 팀 만들기, 즉 '수평적 모임'을 만드는 법과 이를 위해 리더가 행동할 때의 기본적인 자세를 설명한다.

2장에서는 일의 진행에 따른 팀원과의 단계별 관계 설정 방법을 다룬다. 팀원들의 진짜 마음의 소리를 들을 수 있는 1on1 대화를 진행하는 법도 다룬다. 3장에서는 회의 때 자유롭게 의견을 표현할 수 있게 하는 법, 4장에서는 팀의 목표를 설정하는 법을 다룬다. 이 모든 내용을 곧바로 실전 적용이 가능하도록 구체적으로 설명한다.

5장에서는 회사나 부서의 경계를 넘는 태스크포스 Task Force, TF 형태의 팀을, 6장에서는 팀이 목표 달성을 위해 주어진 과제를 해결해 가는 방법을 다룬다. 마지막 장에서는 다시 한번 자신이 리더로서 이끌어 가고자 하는 방향을 함께 고민해 본다.

이 책이 막막함과 답답함에 빠져 헤매는 당신의 팀을 활력 있는 팀으로 바꿀 수 있는 계기가 되기 바란다.

차례

| 들어가며 | 막막함 속에 놓여있는 모든 팀장님들께 바칩니다 | 005 |

서장 리더가 가장 중요시할 것: 팀원 개개인의 강점 살리기

리더에게 필요한 것은 '뜻'과 '팀을 목표로 이끄는 행동' 017
나만의 뜻을 품다 021
팀과 협력하여 목표를 향해 간다 029

1장 개인의 강점을 살리는 '수평적인 모임'

수직적 조직에서는 새로운 것이 탄생하지 않는다 037
리더의 역할은 촉진자 046
긴급상황에는 '나를 따르라', 평상시에는 '당신 먼저' 056

2장 지시보다 중요한 것은 경청

사람은 모두 생각이 다르므로 팀원 각각에게
이야기를 듣는다 065
1on1 대화의 기본 075
팀장은 정기적으로 팀원을 위해 시간을 할애한다 077
팀원의 이야기를 경청한다 079
목표 달성 및 성장을 지원한다 090

3장 모두가 주체적으로 발언하는 '회의' 만들기

회의의 목적을 제대로 알자   101
활발하게 의견이 나오는 촉진의 단계   106

4장 팀의 목표를 설정한다

목표가 있기에 나아갈 수 있다   131
팀 미션 - '우리는 무엇을 하고 무엇을 하지 않는가'   136
'비전 = 팀의 목표'를 어떻게 설정할 것인가   140
정성적(질적) 목표와 정량적(양적) 목표를 일치시킨다   145

5장 다양한 조직으로 구성된 '수평적 팀'을 만드는 방법

새롭게 구성된 조직을 '팀'으로 만든다   153
TF 운영이 까다로운 3가지 이유   156
무엇보다 팀이 되는 것이 중요   162
촉박한 프로젝트일수록 하루 5분의 1on1이 필요   167
이해관계자와의 좋은 관계가 중요   174
마지막 마무리의 중요성   177

6장   모두 함께 내딛는다

예상외의 일은 항상 일어난다   183
시작하는 것보다 지속하기가 어렵다   191
궤도 수정의 타이밍을 놓치지 않는다   196
팀장의 조언은 어디까지 가능한가?   201

종장   당신은 어떻게 하시겠습니까?

마지막, 스스로 변화할 결심하기   207

마치며   214
참고문헌   217

서장

리더가 가장 중요시할 것: 팀원 개개인의 강점 살리기

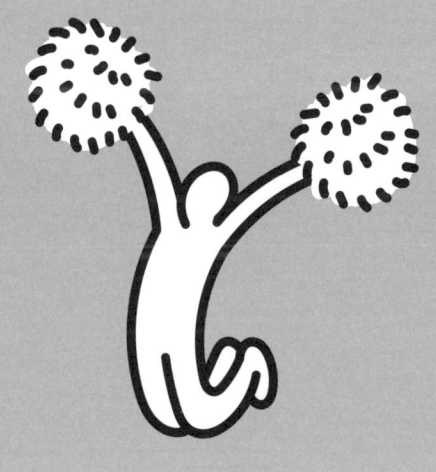

서장

리더가 가장 중요시할 것:
팀원 개개인의 강점 살리기

리더에게 필요한 것은 '뜻'과 '팀을 목표로 이끄는 행동'

당신은 현재 리더로서 어떤 고민을 하고 있는가?

팀에 할당된 높은 목표에 압박을 받고 있는가? 이것은 세상 모든 팀이 지닌 숙명이다. 낮은 목표를 할당받아 손쉽게 달성하는 팀은 별로 없으며, 있다 해도 다음 분기에는 상향된 목표치가 할당된다. 항상 평온한 상태일 수는 없는 것이다.

어쩌면 당신은 팀원들이 팀의 목표를 바탕으로 '내가 이번 분기에 성취해야 할 것'을 명확히 알고 있는지, 팀원들 간에 문제는 없는지 고민할지도 모른다.

각양각색의 사람들이 모여 팀을 이루기 때문에 서로 잘 맞을 수도 있고 아닐 수도 있다. 매일같이 만나서 일을 하다 보면 성격이나 사소한 의견 차이가 미세한 틈을 벌리게 되고 어느새 '그 사람과는 같이 일 못 하겠어' 같은 마음이 들기까지 한다.

한 조사결과에 따르면 직장 스트레스 중 인간관계 문제가 차지하는 비율이 높다고 하는데, 이는 우리의 흔한 현실이다. 팀원 중에는 긍정적인 모습으로 '열심히 해보자!'라고 하는 사람도 있는 반면, 부정적이고 의욕 없이 (혹은 그렇게 보여서) 사기를 떨어트리는 사람도 있다. 다양한 사람이 모이기 때문에 당연한 현상이다. 1on1로 이야기해봐도 다음과 같은 사람들은 어디에나 있다.

- 의욕없이 "뭐 괜찮습니다"라고 삐딱하게 반응한다.
- 겉으로는 긍정적인 반응을 보이지만 개선되는 행동이 없거나 뒤에서 불평을 하거나 한다.
- 변명이 많고 개선할 생각이 없다.

상황이 이렇더라도 결과를 내면 좋지만 그렇지만도 않다. 대부분의 팀원들이 긍정적이어도 부정적인 사람이 소수라도 있으면 팀의 사기는 크게 떨어지게 된다. 이럴때 팀장으로서 부정적인 사람을 신경쓰다가 방향성을 잃기도 한다. 이런 경우 그 사람은 어쩌다 부정적이 되었는지 원인을 알아낼 수 있을까?

한편, '내 능력을 다하여 팀에 도움이 되고싶다'라고 하는 사람도 있을 것이다. 이렇게 의욕적인 팀원이 있다는건 좋은일이지만 이런 팀원의 발전을 위해 리더가 제대로 된 도움을 줄 수 있을까?

이처럼 리더의 고민은 끝이 없고 해야 할 일은 많다. 나도 정말 수많은 고민을 해왔다. 다시 한번 말하지만 그런 고민들을 마주 하는 것이 '리더의 일'이다. 이런 부분을 해결하지 않고는 리더십도 매니지먼트 능력도 좋아지지 않는다.

'머리로는 당연히 알고 있지. 근데 실제로 해 보려니 안되는데……'라고 말할지도 모른다. 특히 팀원 관리와 함께 실제 업무도 담당하고 있는 사람이라면 본인 자신도 성과를 내야하기 때문에 더욱 힘들것이다.

이런 상황을 극복하기 위해서 리더에게 필요한 것은

무엇인가?

나는 '뜻mind'과 '팀을 목표로 이끄는 행동', 이 2가지로 보고 있다.

이제부터 각각에 대해 자세히 설명하겠다.

나만의 뜻을 품다

거창하게 들릴지 모르지만 리더에게 '뜻mind'은 필수 요소다. 여기서 말하는 '뜻'이란 뭘까? 한마디로 하면 '나는 무엇을 이루고 싶은가?'에 대한 마음이다. 바꿔 말하면 '지금의 회사나 조직에서 내 존재의 이유는 무엇인가?'라고도 할 수 있다.

나름의 존재 이유는 있겠지만 그 이유가 무엇인지를 명확히 해야 한다.

'이 회사에서 근무하고 있으니까', '이 업무를 배정받았으니까 일하는 거지'라고 생각하는 사람도 있을 수 있다. 당연한 이야기다. 나도 무사시노 대학과 야후에 고용돼 일하고 있다. 하지만 리더라면 자신이 그곳에 있는 이유를 수동적이 아닌 주체적으로 파악해야 한다.

뜻을 품어야 하는 3가지 이유

뜻을 품어야 할 이유는 3가지이다.

첫번째로 뜻을 품음으로써 주체성을 발휘할 수 있다.

리더는 팀을 이끄는 사람이지만 모든 것을 마음대로 할 수는 없다. 회사 전체의 미션과 비전, 사업계획을 무시하고 팀을 이끌 수는 없다. 이런 상황에서 리더는 주체성을 발휘해야 한다.

회사에서 특정한 제품을 판매하는 경우를 보자. 우리 팀은 그 제품을 판매하는 데 반대한다. 하지만 회사 방침은 '무조건 팔자'로 결정됐다. 이런 상황에서 당신은 리더로서 팀원들에게 어떻게 전달할 것인가? 여기서 "나도 여러분처럼 반대지만 위에서 하라니까요······"라고 말한다면? 팀 분위기는 급속하게 냉각된다. 팀원들은 '저 사람은 리더라면서 위에서 시키는 일만 하는 거야?'라고 느낀다.

이럴 때는 많은 고민을 통해 나름의 자기 의견을 만들도록 하자. 100% 찬성할 수는 없어도 회사가 결정한 데에는 그럴 만한 이유가 존재할 테니, 그 의미를 생각하다 보면 회사의 의중도 이해할 수 있게 된다. 그런 다음 이를 팀내 반대 의견과 비교하며 일을 진행해야 할 이유를 찾아본다. 그런 고민 끝에 팀원에게 이렇게 말할 수 있다.

"우리는 이 제품 출시에 반대했지만 회사에서는 그대로 진행하기를 원합니다. 회사의 결정에도 납득할 만한 부분이 있고 우리의 반대 의견도 의미가 있습니다. 나는 상부와 많은 이야기를 나눈 뒤에 이 제품을 진행해야 한다고 결론을 내렸습니다. 그 이유는 (생략) 그러니까 모두 함께 해봅시다. 반대하는 마음을 쉽게 접기 힘든 건 알고 있으니 그런 분들과는 따로 면담을 하겠습니다. 이 분들을 설득하기보다는 그저 열린 마음으로 이야기해보고 싶습니다."

"위에서 하라니까……"라고 말하는 것보다는 위와 같이 말하는 것이 더 팀원의 마음을 움직일 수 있지 않을까? 여기서 중요한 것은 표현의 문제가 아니라, 리더가 자신의 '뜻'에 따라 주체적인 태도로 진행해야 한다는 것이다. 리더가 스스로 생각하며 주체적으로 이야기하면 반대하던 사람들도 결국 "그렇게까지 말씀하시니 한번 해봐야겠네요"라며 수긍하는 상황이 된다. 팀원들이라고 정답을 아는 건 아니기 때문이다. 팀원들도 각자의 논리와 감정으로 찬성과 반대를 표현하지만 그게 정답이라고 생각하지는 않는다.

리더의 주체성은 팀원을 움직인다. 그리고 리더가 주체적이기 위해서는 '나는 어떻게 하고 싶은가'라는 '뜻'을 지니고 있어야 한다.

두 번째로 리더의 뜻이 명확한 판단 기준이 될 때 의사결정 기준이 명쾌해진다.

모든 것을 그 뜻에 대입하여 판단할 수 있기 때문이다. 예를 들면, 나는 무사시노 EMC를 자유·수평·재미 FREE·FLAT·FUN의 공간으로 만들고 싶다고 생각한다.

내가 생각하는 '이상적인 공간'은 자유롭고(상식에 얽매이지 않음), 수평적이고(모두 다르지만 모두 필요함), 재미(즐거움)로 채워져 있는 공간이다. 평소 이런 생각을 갖고 여러 의사결정을 하면 '그건 자유·수평·재미에 맞나?'라는 관점으로 생각하게 되고, 궁극적으로 점차 자유·수평·재미가 있는 공간으로 변해간다.

나는 학부를 개설하고 1년이 지났을 무렵 이를 실감했다. 학생(1기생)들에게 "학부 생활은 어떤가?"라고 물었더니 모두가 입을 모아, "여기서는 제가 꿈을 말할 때 교수님들도 학생들도 비웃지 않아요. '그래봤자 어차피 안 돼'라는 말도 하지 않아요. 그래서 큰 꿈을 꾸고 그걸 이루기 위해 노력할 수 있어요. 분위기가 전체적으로 그렇다 보니 너무 좋아요"라고 말했다. 확실히 자유·수평·재미의 분위기가 되고 있는 것이다. 학생들 각자의 의사결정 내용은 사소한 것들이다. 어떤 과목에서 "리포트의 주제와 조건을 어떻게 할까?"라고 물어보면, 이내 곧 '리포트의 주제나 조건 모두 자유'로 결정하는 식이다.

뜻에 근거한 결정들이 쌓이다 보면 뜻을 현실화하는 것

에 한발 더 가까워진다. 매번 의사결정을 고민하지 않아도 된다. 기준이 뚜렷하기 때문에 후회하는 일도 적다.

세 번째로 일하는 것이 즐거워진다.

즐거워진다기 보다 괴롭기 어려워진다. 주체성을 갖게 됐을 때의 긍정적 효과로 판단 기준이 존재하여 의사결정이 수월해지는 것도 있지만, 괴로운 일이 더는 힘들지 않게 되는 효과도 있다. 괴롭게 여겨지는 것도 '뜻을 이루기 위해서는 어쩔 수 없어'라고 생각하기 때문이다.

'되돌아보기'로 뜻을 발전시킨다

어떻게 하면 '뜻'을 발전시킬 수 있을까? '내가 이곳에 있는 목표는 이것이다' 같은 명확한 뜻이 없는 사람도 많을 것이다. 전혀 상관없다. 대부분 그러니까.

뜻을 발전시키는 데 효과적인 방법은 '되돌아보기'다. 미래를 위해 우선은 과거를 돌아보는 것이다. 먼저 '인생 되돌아보기'부터 한다. 태어나서부터 지금까지의 인생을 생각하며, 내가 뭘 할 때 마음이 설레거나 괴로웠는지 생각해 보자. 그렇게 하면 '그 일을 할 때는 정말 나 자신으로 존재하는 것 같았어'라거나, '회사에 입사했을 때는 그런 생각을 했는데'라는 생각이 떠오를 수 있다. 이런 식으로 삶을 되돌아보며 다시 한번 지금의 내가 하고 싶은 것을 생각하는 기회를 가지는 것이 좋다. 'ㅇㅇ을 성공할 거야!' 까지는 아니더라도 감은 잡을 수 있다.

'**매일매일 되돌아보기**'를 통해서도 뜻을 키울 수 있다. 일을 하다 보면 기쁜 일도 슬픈 일도 생긴다. 일단 하루를 마치고 그날 하루에 대해 생각해 보자. 단 몇 분이어도 좋다. 오늘의 일을 되돌아보며 '좋았어' 혹은 '힘들었어' 정도만이라도 생각해 보자. 그러면 자신의 경험을 '이건 왜 좋았지?', '왜 힘들지 않았을까?'라는 기준으로 생각하게 되고 '내가 하고 싶은 일은 이게 아닌가?'라는 사실을 알게 된다. 이것을 매일 반복하다 보면 점차 방향성을 찾아갈 수 있다. 이렇게 매일 반복한다.

실행하면서 되돌아보고, 또 실행하고 되돌아보는 사이클을 계속 반복하는 것이다.

일하는 매일마다 '이건 내가 하고 싶은 일인가?'라고

스스로에게 물어보고 되돌아본다. 이 과정에서 위화감이 생기면, '내가 정말 뭘 하고 싶은거지?'라고 생각해보자. 이 사이클을 반복하며 업무를 진행한다. 즐거워도 괴로워도 일을 한 후 '되돌아보기'의 사이클을 하면서 자신의 생각, 기준, 뜻을 명확히 알게 된다.

혼자 결론을 못 내리고 제자리만 맴돌고 있다면 다른 사람에게 이야기해도 좋다. 다만 다른 사람의 조언을 꼭 받아들일 필요는 없다. 다른 사람에게 말하는 것만으로도 기분이 정리되기 때문이다. 이렇게 차근차근 뜻을 발전시켜 보자.

팀과 협력하여 목표를 향해 간다

 리더는 자신의 생각을 발전시켜 뜻을 품는 한편, 팀원을 도와줄 수 있는 구체적인 행동도 해야 한다. 어떤 방법이 있을까? 앞에서 말했듯이 리더의 역할은 팀이 목표를 달성할 수 있게 돕는 것이다. 이는 혼자서는 할 수 없다. 구조나 환경을 만들고, 매일 활동을 진행하며 팀원의 동기를 부여하여 팀이 하나 되게 함으로써 목표를 실현할 수 있다.

 즉, '**목표, 가이드, 팀**' 이렇게 3가지가 필수 요소이다. 이 모든 것을 원활하게 조율하여 목적을 달성하는 것이다. 할 수만 있다면 이 모든 걸 총동원해서 어떻게든 해보는 것이다.

하나씩 살펴보자.

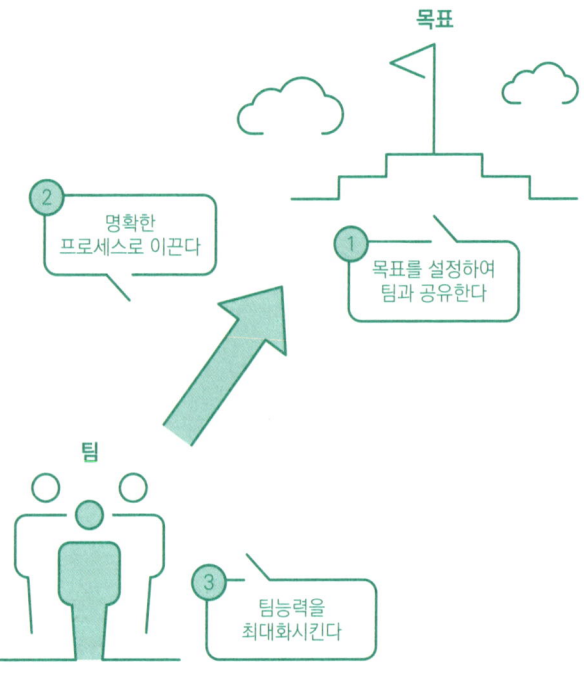

그림 0-1 리더가 생각해야 하는 3가지 요소

첫 번째는 목표다.

팀은 반드시 '공동의 목표'를 가진다. 당연한 이야기다. 공동의 목표가 있기에 팀으로 불린다. 우선은 팀원 전체에 목표를 공유하는 것부터 시작한다.

킥오프 미팅을 하거나, 사내 메일 하단에 '이번 분기의 목표점은 ○○! 항상 기억합시다!'라고 적어서 팀원에게 메시지를 보낼 때마다 언급하는 등 여러 방법이 있다. 팀원 모두가 달성해야 하는 목표를 공유하는 것으로 시작하자.

두 번째는 가이드이다. 바로 이를 위해 리더십을 향상시켜야 한다. 달성해야 할 목표는 늘 어렵다. 쉬운 목표가 할당되는 일은 거의 없기 때문에 진행 상황이 순조롭기란 대체로 불가능하다. **팀원별 진행 상황을 체크하고 독려하고 때에 따라서는 방법을 바꾸기도 하면서 목표를 향한 프로세스를 계속 진행해 나간다.**

나는 글로벌비즈니스 경영대학원 강사이자 웨이웨이 홀딩스 주식회사의 대표이사였던 시절 수많은 기업의 리더들과 대화를 해봤다. 대부분의 리더가 킥오프 미팅이나 진행 상황 점검 회의 등에서 '팀'과 '가이드' 부분을 다양한 방법으로 시도하고 있다. 실제로 이 책을 읽는 당신도 분명 하고 있을 것이다. 하지만 팀내 협력도는 팀장에 따라 차이가 있다. 무척 성실하게 협조하며 팀원을 대하는 팀장도 있지만, 아무것도 안 하는 팀장도 있다. 당연한 이야기지만, 3요소인 '목표, 가이드, 팀'에서 팀과 아무 협력도 하지 않는 것은 있을 수 없는 일이다. 그럼에도 현실에서는 '팀원들이 반항할까 봐 두려워서' 혹은 '각자 하고 싶은 대로 해도 결과만 제대로 나오면 되니까'라는 식으로 방치하는 리더가 수두룩하다. 그러면 안 된다. 사람은 목표와 프로세스만 전달받으면 힘들다고 느낀다. 목표를 향해 제각각 움직일 뿐 일이 진척되지는 않는다. 리더는 팀원이 개인적으로 성장하며 팀의 **목표를 향해 같이 움직일 수 있는 환경을 만드는 역할을** 해야 한다.

이를 위해 우선적으로 할 것이 팀 내에서 '심리적 안정성'을 느낄 수 있는, 다시 말해 '출근하고 싶은 직장(재택 근무 등도 포함)'을 만들어 '할 말은 할 수 있는 환경'을 조성하는 것이다. 그후에 팀원 개개인의 재능과 열정을 풀어내는 것이 팀 리더의 역할이다. 이에 대해서는 1장에서 설명한다. 흔히 이런 일은 인사팀에서 한다고 생각한다. 물론 인사팀도 이런 환경을 조성한다. 팀원의 실력 향상을 위해 연수 등을 기획하기도 한다. 하지만 인사팀은 전체 평균 수준을 올리는 것이 목적이므로, 팀원 개개인과 상호작용은 팀장이 해야 한다. 팀장이야말로 팀원 개개인에 대해 가장 잘 알고 있기 때문이다.

다음 장에서는 실제로 어떤 공간을 조성하여 팀원의 능력을 이끌지 다룬다.

1장

개인의 강점을 살리는 '수평적인 모임'

1장
개인의 강점을 살리는
'수평적인 모임'

수직적 조직에서는 새로운 것이 탄생하지 않는다

앞에서 리더의 역할은 '팀을 목표로 이끄는 것'이라고 설명했다. 이를 위해서는 '팀원 한명 한명과 상호작용하여 개인의 강점을 살리는' 것이 필요하다.

내가 강조하고 싶은 것은 '팀에서는 팀원 각자가 모두 주인공이다'라는 것이다.

팀원 각자가 주체성을 갖고 행동하는 팀은 강하다. 반면에 시킨 일만 기계적으로 하는 팀은 성과가 나오지 않는다. 팀원 각자가 주인공이 되어 활력이 넘치는 팀을 만드는 것이 팀장의 역할이다. 이를 위해 직책이나 연차에 관계없이 하고 싶은 말을 할 수 있는 '수평적 공간'을 만들어야 한다.

> **그림 1-1 수직적 구조가 명확한 책상배치**

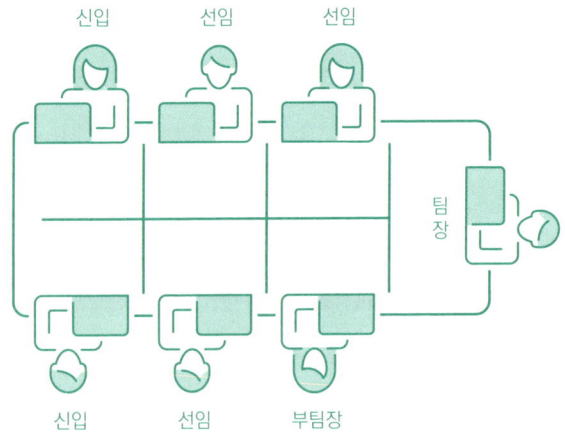

상상해 보자. 위의 그림 같이 앉기만 해도 수직적 계층 구조가 느껴질 수 있을까? 팀장과 이야기하기 쉬운 자리에는 부팀장이 앉고, 그 다음은 선임자가 앉는다. 신입이 팀장과 이야기하려면 끝도 없이 들어가야 한다. 이런 구조라면 아무래도 이야기할 기회는 적어지고, 어렵사리 기회를 갖더라도 긴장하게 된다. 실제로 내가 은행에서 근무할 때도 대부분 이런 형태로 근무했고, 지금도 대부분의 사무실에서는 이러한 구조로 생활할 것이다.

내 경험에 의하면 책상 배치뿐 아니라 의자의 형태도 직급에 따라 다를 때가 있다. 부팀장 의자에 팔걸이가 붙기도 하고, 팀장쯤 되면 목까지 받쳐주는 등받이 의자가 제공되기도 한다. 승진하면 의자가 바뀐다. 당시에는 당연스레 받아들였지만 어째서 직급에 따라 의자가 차이나는지 다시 생각해 봐도 알 수가 없다.

이렇듯 '수직적 구조의 팀'은 회의 시간에도 발언 순서가 정해진 경우가 많다.

처음에 팀장이 발언하고 다음으로 부팀장 그 다음에 고년차 순이다. '높은 사람의 발언이 옳다'라는 암묵적 동의가 있기 때문에 반대의견은 내기 힘들다. 한편 순번이 된 젊은 사원이 발언할 때는 팀장이나 베테랑 사원들의 경험을 바탕으로 '가르치는' 자리가 되기도 한다. 이래서는 의견을 자유롭게 말 할 수 없다.

예전에는 '수직적' 관계에 따라 일하는 것을 당연하게 여겼다. 일에는 정답이 있고 그것은 경험이 쌓이면 얻을 수 있었기 때문이다. 경험이 많은 베테랑들은 '정답'을 알고 있고 일처리를 어떻게 할지 알고 있다. 그들은 그래서 '관리직'이 되고, 이 '관리직'이 말하는 내용은 모두 정답인 그런 사회였다.

이 책의 독자들이 고도 경제성장 시대의 일본을 경험했는지 알 수 없지만 그 무렵의 일본은 그랬다. 자동차, 냉장고, 세탁기, 에어컨, 카메라를 발명한 것은 일본인이 아니지만 어느 나라의 누군가가 '정답'인 제품을 발명하면 일본 기업들은 그 '정답'을 발전시켜 나갔다. 그 결과 훌륭한 품질의 제품을 대량 생산할 수 있었고 일본은 고도 경제성장을 이루었다. 일본은 그 '정답'을 개선하여 '고품질로 만들고 저비용으로 제조하는' 경쟁에 강했기에 비약적인 경제성장을 이뤄냈다. 그 경쟁에서는 '정답'이 있고 단지 그것을 개선하는 것으로 충분했으므로, 창의적인 면보다는 '그것에 대해서 잘 알고 있다'는 사실이 중요했다. 이런 사회에서는 개인의 능력과 개성보다 사물을 '정확하고 빠르게' 처리하는 능력이 우선이었다.

그러나 현대사회에서는 분명 다른 것이 요구되고 있다. 여전히 제조사는 계속해서 물건을 대량 생산한다. 하지만 우리 사회는 더이상 새로울 것 없는 제품을 개선하는 것에 만족하지 않고, '새로운 가치'를 요구하고 '그것을 왜 해야 하는가(목적)?'라는 의미를 찾게 되었다. 그리고 그것이 편리한 것뿐만 아니라 '인간의 행복'에 기여하고 있는지도 생각하게 되었다.

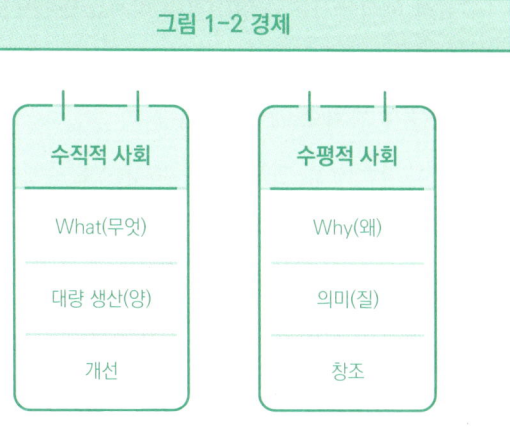

그림 1-2 경제

여기에는 '좋은 성능'처럼 수치로 계산되는 '정답'이 없다. 사람들은 '왜'에 대한 본인만의 생각을 갖고 있기 때문이다. 행복 또한 개개인이 다르게 느낀다. 당신 또한 남들과 똑같은 행복을 느끼지 않는다. 행복을 느끼는 방식 또한 각기 다르다. 그렇게 '왜'가 질문이 되면서 사람들이 품고 있는 마음속 생각이 무엇보다 중요하게 되었다. 이것이 '수직 구조의 사회'에서 '수평 구조의 사회'로 변화하는 원인이다. 사회가 이처럼 변화하고 있기 때문에 현대사회에서 요구되는 '이상적인 팀'도 변화할 수밖에 없다.

수직적 사회에서는 상명하달식 의사소통만으로도 괜찮았다. 팀원들이 '정답'을 '빠르고 정확히' 수행하는 것이 중요할 뿐 각자의 개성은 필요하지 않았다. 획일적이어도 '말대답하지 않고 말 잘 듣는 것'으로 충분했다. 하지만 '수평적 사회'가 되면서, 새로운 가치를 만들기 위해 개개인의 존재가 중요해졌고, 1on1의 의사소통이 필요해졌다. 수평적 사회는 다양성과 포용성Diversity & Inclusion('모두 다르지만 모두가 맞음'을 받아들이는 일)을 요구

한다. 개인의 의견 모두가 중요해진 것이다.

그렇기 때문에 '수평적 팀, 수평적 모임'이 필요하다. 꼭 다양성과 포용성이라는 유행 때문이 아니라 사회가 그렇게 변한 것이다. 개인이 주체적으로 생각하고 하고 싶은 말을 하며, 이것이 받아들여지는 것으로 팀의 성과가 나오는 그런 사회가 된 것이다.

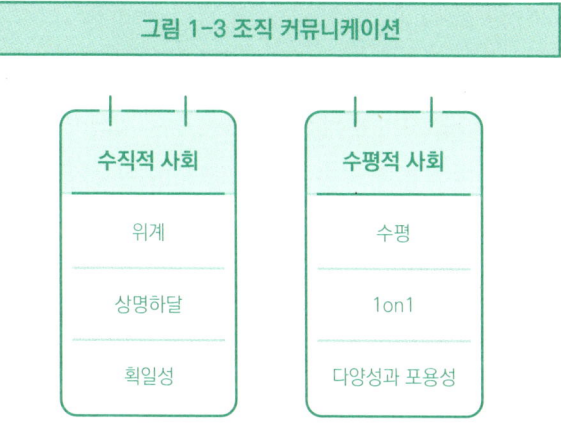

그림 1-3 조직 커뮤니케이션

수직적 사회	수평적 사회
위계	수평
상명하달	1on1
획일성	다양성과 포용성

예전에 학생들을 데리고 미국 실리콘밸리에 간 적이 있다. 미국은 대표적인 다양성의 나라다. 인종, 출신, 성

별, 연령이 모두 다르지만 모두가 맞다는 개념이 확실하다. 70세가 넘었어도 '이제 뭐 나이가 들어서……'라는 핑계를 대지 않고 '새로운 사업을 이렇게 해 보고 싶다'라며 신나서 이야기하는 기업가를 여럿 만났을 때 미국의 특별함을 느꼈다. 일본에서는 '나이에 맞게……'라는 반응이 바로 나오지만, 미국에서는 나이만이 아니라 모든 영역에서 인간의 속성을 하나로 묶어 판단하지 않았다.

이것이 성장의 원동력이 아닐까? 똑같은 의견만 가득한 팀보다는 다양한 의견이 오가는 팀이 훨씬 더 흥미롭고 새로운 것을 쉽게 창조할 수 있다. 다양성이 혁신의 원천이며 성장의 원동력이다. 우리는 그런 사회에서 살아가고 있다. 한번 생각해 보자. 당신은 리더로서 팀의 목표 달성을 위한 과정을 확실히 이해하고 있는가? '정답'이 될 수 있는 승리의 방법이 보이는가? 그렇다면 문제없다. 하지만 대부분은 '나 혼자 어떻게 해……'라고 느끼지 않을까? 리더가 가야 할 방향은 어느 정도 알 수 있지만 그곳에 도달하기 위한 방법에는 정답이 없다.

뷰카VUCA[주1]라고 일컬어지는 현대사회에서, '뭐든지 알고 있는 리더'가 혼자서 정확한 프로세스에 따라 팀을 이끄는 것은 쉬운 일이 아니다. 모두가 함께해야 올바른 과정으로 정당하게 이길 수 있다. 모두가 의견을 활발하게 교류하는 '수평적 팀'을 만들어야 하는 것이다.

주1 Volatility(변동성), Uncertainty(불확실성), Complexity(복잡성), Ambiguity(모호성)의 머릿글자를 딴 말로, 예측하기 어려운 상황을 나타낸다.

리더의 역할은 촉진자

 그렇다면 '수평적 팀'에 걸맞는 팀장의 역할은 무엇일까? 모두 함께 정답을 찾아내기 위해서는 무엇보다 팀장이 '지시'가 아닌(물론 상당부분은 지시를 하겠지만) 팀원 개개인이 성과를 낼 수 있도록 지원하는 것이 중요하다. 팀장이 꼭 '지도자'일 필요는 없다. 나는 팀장의 역할을 **촉진자**facilitator라고 생각한다. 팀 전체를 이끌며 '지도하는' 것이 아닌, 회의나 1on1 대화에서 개별 팀원의 마음을 잘 살피고 그들이 어떤 부분에 관심이 있는지 깨닫게 돕고 이를 통해 성장할 수 있게 해주는 것이다.

어디까지나 팀원이 중심이다. 팀원의 재능과 열정을 이끌어내면 팀 자체의 에너지가 커지고, 이것이 결과로 이어지게 된다. 간단히 말하면, '팀의 능력을 최대로 끌어 올리기'라고 할 수 있다. 이를 위해 팀장은 다음의 2가지 일을 해야 한다.

① 환경 조성
② 팀원 각자의 재능과 열정 고취

1. 환경 조성

먼저 할 일은 '환경 조성', 즉 일하기 편한 환경을 만드는 것이다. 물론 이는 회사가 해야 하는 일이지만, '**팀원이 안심할 수 있는 안전한 환경을 만드는**' 것은 팀을 이끄는 팀장의 일이기도 하다. 최근 자주 듣게 되는 '**심리 안정성**'이 바로 이것이다.

심리 안정성을 확보하기 위해 필요한 것은 2가지다.

첫째, '오고 싶은 장소로 만드는 것'이다. 팀원들이 '아…… 회사 가기 싫다', '화상회의 하기 싫은데……'라고 생각하는 것보다는 '오늘 화상회의에서 이 이야기를 해야지~', '오랜만에 사무실로 출근하네. 같이 점심 먹자고 해볼까?'라고 생각하는 쪽이 낫다. 팀원 각자의 마인드도 중요하지만, 팀장의 역량에 따라 분위기가 좌우된다. 즐겁지 않은 장소보다는 당연히 즐거운 장소가 좋다. 팀장이 얼굴을 찌푸리고 있는 것보다는 웃고 있는 편이 낫고, 동료 간에 대화가 불편한 것 보다는 사소한 대화라도 쉽게 할 수 있는 편이 좋다. 어렵게 생각할 것 없이 당신이 팀원일 때 '오고 싶은 장소'로 만들면 된다. 이것이 바로 심리적 안정성이 높은 환경을 조성하는 첫걸음이다.

둘째, '하고 싶은 말을 할 수 있어야' 한다. '편안한 기분으로 가만히 있는 장소'가 아닌, 상대가 팀장이든 선배든 자신의 의견을 제대로 낼 수 있어야 한다. 이를 위해서는 팀장이나 선임부터 모두를 동등하게 대함으로써 의견을 말하기 편한 분위기를 조성해야 한다. 선임이 말하는 동안 팀원은 잠자코 듣기만 하거나 팀장의 의견에 아무런 토를 달지 않는 팀이라면 의욕적으로 움직일 수 없다. 그렇다고 서로의 약점이나 결점을 지적하고 공격해야 한다는 것은 아니다. 무례한 태도, 선을 넘는 친밀함을 허용하는 것도 아니다. 회의 시간에 늦거나 배려 없는 말투처럼 예의가 없는 공간에서는 결코 심리적 안정성이 생기지 않는다.

우선적으로 팀원 각자가 서로를 존중하게 해야 한다. 존중한다고 해서 꼭 존경심까지 가질 필요는 없다. 각자의 존재를 인정하는 상태로 만드는 것이다. 이를 위해 팀원들끼리도 1on1 대화를 통해 서로를 알아가는 자리를 가지면 좋다. 자신의 생각을 주장할 수 있고, 때로는 상대의 비판을 듣기도 하지만 그럼에도 서로의 신뢰관계는 깨지지 않는 그런 팀이야말로 심리적 안정성이 높지 않을까?

우리 팀이 이런 곳인지 어떻게 알 수 있을까? 우리 팀이 오고 싶은 곳인지 확인하는 방법으로, 회의를 시작할 때 본론으로 바로 들어가지 말고 '점검check-in'이라는 방법을 통해 '지금의 기분 상태'를 한 명씩 묻고 표정을 확인해 보자. 늘 지루해 보이거나 기분을 말하는 것에 거북

한 표정을 보이는 사람이 있다면 아마도 팀에 대한 심리 안정성이 높지 않을 것이다.

또한 '하고 싶은 말을 주고받는' 것이 가능한 상태인지 확인하기 위해서는 회의 중간에 "반대 의견은 없나요?"라고 묻고 회의 후에도 팀원들의 반응을 주의 깊게 확인해 보자. 물어본 순간에 반대의견을 내지 않지만 회의가 끝나고 다른 곳에서 의견이 나온다면 이것 또한 심리적 안정성이 없다고 봐야 할 것이다. 내 발언으로 분위기를 망칠지 모르지만 필요하다면 반대 의견을 말할 수 있는지, 다른 의견을 가진 사람들이 서로를 감정적으로 대하지 않는지 관찰하는 것 또한 심리적 안정성을 확인할 수 있는 방법이다.

2. 팀원 각자의 재능과 열정 고취

'편안하고 믿을 수 있는 환경'이 완성됐으면, 다음 목표는 '**팀원 각자의 재능과 열정을 고취하는 것**'이다. 물론 팀원 각자가 스스로 성장한다면 더할 나위 없지만 의외로 사람들은 자신에 대해 잘 모르고 무엇을 어떻게 해야 할지도 잘 모르는 경우가 많다. 이럴 때 리더의 도움이 필요하다.

사람은 누구나 재능이 있다. 개인차가 있을지언정 나름의 강점은 모두 지니고 있다. 열정도 마찬가지다. 열정을 드러내는 사람이 있는가 하면, 겉으로 드러나지 않는 열정을 가진 사람도 있기 마련이다. 이런 사람이 지닌 재능을 꽃피우는 것은 인사팀이 아닌 팀장이 할 일이다. 인사팀은 전체를 하나로 보고 성장시키고, 팀장은 팀원 개개인의 재능과 열정을 꽃피운다. 그렇다. 팀장의 일이란 '팀원과 마주하며 개인의 강점을 이끌어내 꽃피우는' 것이다.

편안하고 믿을 수 있는 환경을 만드는 것으로 전체적인 틀을 만드는 중에도 팀원 개개인에게 시선을 두어야 한다. 예를 들어 괴롭힘이 없는 조직을 만드는 것은 매우 중요하다. 이 부분이 해결되지 않으면 편안하고 믿을 수 있는 환경은 만들어질 수 없다. 하지만 직장내 괴롭힘 방지를 위한 연수를 실시하고 해당 정보를 공유 하더라도 괴롭힘은 존재하기 마련이므로 팀원 각각에게 직장 생활이 어떤지 괴로운 일은 없는지 등을 물어보며 현재 팀의 상황을 인지하고 대응할 필요가 있다.

리더는 팀원 전체와 소통함과 동시에 개별적으로도 상호작용해야 한다. 킥오프 미팅을 예로 들어보자.

팀원 모두가 "으쌰~ 으쌰~", "모두 힘내서 해봅시다!"라고 반응하며 적극적으로 받아들이는 것 같아도, 각자의 마음을 들여다보면 '흠…… 이거 힘들거 같은데, 나한테는 너무 어려워', '아이고, 힘내자고는 했는데 과연 가능할까'라고 생각하는 팀원도 있을 수 있다. 사람에 따라 기술과 경험, 그리고 현재 처해 있는 상황이 다르기 때문에 한 명씩 확인해 보지 않으면 모르기 때문이다. 프로젝트 진행 중에도 진행 사항 점검 회의를 하다보면 진도를 많이 나간 사람이 있는가 하면 그렇지 못한 사람도 있다. 이럴 때 진행이 느린 사람에게 공개적으로, "여태 뭐했어! 제대로 합시다!"라고 말해봤자 팀원들은 부담만 느낄 뿐 상황은 나아지지 않는다.

또 "어려운 일이 있으면 언제든지 말해주세요"라고

부드럽게 말해도 팀원들에게는 와닿지 않는다. 결과를 내지 못하는 사람은 무엇이 잘못되었는지 파악조차 어렵기 때문에 팀장과 상담할 수 없다. 따라서 팀장은 팀원 개개인과 적극적으로 상호작용하여 문제점을 찾아내고, 경우에 따라서는 업무를 줄이거나 도움을 주는 식으로 개별적으로 대응하는 것이 좋다.

팀장은 팀의 목표를 이루기 위해 할 수 있는 것은 다 한다는 생각을 가져야 한다. 팀을 전체적으로 이끌어감과 동시에 팀원 개개인과 상호작용하여 각자가 열정을 갖고 일할 수 있게 지원해야 한다. 여기서 유의할 점은 도움이 지나친 나머지 무엇이든 다 해결해 줘서는 안 된다는 것이다. **팀원 스스로가 해결을 위해 움직이도록 본인의 문제를 언어화하여 인식하게 해야 한다.** 행동의 주체는 어디까지나 팀원이다.

팀장이 해야 할 일은 무척 많다. 실제로 현장에서 리더십을 발휘해야 하는 수많은 일에 쫓긴다. 이 중에서 최우선 사항으로 고려할 것이 바로 '**팀원 개개인과 상호작용하여 각자의 강점을 살린다**'이다. 대단한 발표 능력이나 카리스마를 가질 필요도 없다. 단지 한 사람 한 사람과 마주보고 다가가기만 하면 된다. 팀원 각자와 마주보고 다가가는 것이 팀 구성의 첫걸음이다. 나는 잘하고 있다고 자신 있게 말할 수 있을까? 팀장 또한 사람이기 때문에 잘 맞는 사람이 있으면 안 맞는 사람도 있다. 잘 맞는 사람과 이야기하고 싶은 것은 본능이기에, 잘 안 맞는 사람과는 최소한의 이야기만 하게 된다. 이 부분은 오히려 의식적으로 바꾸는 게 좋다. 잘 안 맞는다고 느낄 때는 상대방도 그렇게 여기는 경우가 많은데, 이를 해결하기 위해서는 이야기를 많이 하는 수밖에 없다. 내 경험상 이야기를 많이 할수록 관계가 개선된다. 대화를 많이 하자.

팀장은 잘 안 맞는 팀원에 대해서도 잘 알고 있어야 한다. 팀원이 어떠한 상황에서 무슨 생각을 하는지, 어떤 일을 좋아하고 어떤 일을 힘들어 하는지, 커리어에 대해 어떤 생각을 하는지 같은 업무적인 것뿐만 아니라 인생관이나 흥미 있는 관심사를 포함한 다양한 관점에서 그 사람에 대해 알아 가는 것이 좋다. 반대로 나에 대해서도 팀원들에게 알려주는 것 또한 중요하다. 서로에 대해 잘 알수록 관계가 좋아질 수 있다.

긴급상황에는 '나를 따르라', 평상시에는 '당신 먼저'

앞에서 팀원 한 명씩 마주보고 다가가는 것의 중요성을 살펴봤는데, 예외인 경우가 있다. 지금까지 설명했던 것은 평상시 팀장의 할 일에 대한 것이었다. 일상에서는 개인의 강점을 발휘하여 능률을 올려야 하지만 회사나 팀에 큰 변화가 필요한 긴급상황에는 리더로서 취해야 할 자세가 달라진다.

'긴급상황에서는 나를 따르라follow me, 평상시에는 당신 먼저after you'라는 말에서 알 수 있듯이 평상시에는 팀원 개개인이 주체가 되고 팀장은 도와주는 사람이다.

이를 통해 각 사람의 능력이 발휘되고 팀 전체의 능력이 상승한다. 하지만 긴급상황에서는 원래의 목표가 변하거나 사라지고, 이럴 때 팀원들은 어떻게 행동해야 할지 몰라 우왕좌왕하게 된다. 그러면서 빨리 해결해야 하는 문제가 발생하기도 하다. 이럴 때는 팀원 각자의 재능과 열정을 꽃피우겠다는 생각은 접어두고, **지금 당장 필요한 목표**를 설정해서 팀을 이끌어 가는 것이 필요하다. 따라서 긴급상황에서는 '나를 따르라'는 리더십이 필요하다.

예전에 내가 문구용품을 제조 및 유통하는 회사에 재직하던 2011년에는 '긴급상황의 리더십'이 필요했다. 대지진으로 물류 시스템이 파괴되었는데, 해당 물류에는 회사에서 주로 취급하던 문구류뿐 아니라 음료, 식품, 청소용품, 소독액, 스토브, 침낭 등 재해복구에 필요한 용품이 다수였다. 하루라도 빨리 유통의 흐름을 되살려야 할 상황이었다. 이런 상황에서 중요한 것이 의사결정이다. 맞는지 틀리는지보다는 빠른 결정이 필요하다. 평상시의 리더십이 팀원 개개인의 재능과 열정을 꽃피우는 것이라면 긴급상황에서의 리더십은 팀원 개개인의 의견보다는 리더의 의사결정에 따라 빠르게 회복시키는 것이 목표이다. 긴급상황에서는 시시각각 상황이 변하고 결정이 없으면 아무것도 진행되지 않기 때문에 의사결정이 중요하다. 이를테면 지진이 난 지역의 물류 유통을 회복시켜야 하고, 오사카에서는 새로운 주문이 들어오며, 도쿄에서는 이전에 성사시킨 큰 거래에 대한 클레임이 발생하는 것과 같은 3가지를 동시에 진행해야 하는 상황인 것이다. 평상시라면 동시에 진행할 수 있지만 긴급상황에서는 투입 가능한 인력이 한정되기 때문에 우선순위를 정할 수밖에 없다. 업무의 발생 순서에 따라서 오사카의 주문을 먼저 처리할지, 아니면 회사에 미치는 영향도를 생각해서 도쿄의 클레임 건을 먼저 처리할지도 고민인데 여기에 에너지를 쏟는 것은 하루라도 빨리 물류 회복이 필요한 토호쿠(지진발생 지역) 상황에 치명적인 결과를 초래할 수 있다. 바로 이런 상황이 긴급상황이다. 한정된 인원으로 대응하기 위해서는 우선순위를 정해서 진행해야 한다.

일본의 조직은 대체로 이런 상황에 약하다. 리더는 본인이 결정한 결과에 대한 책임이 두려워 시간만 끌면서 아무것도 결정하지 못한 채, "결정하기 너무 어렵다"라는 변명만 한다. 정답이 없다 보니 순조롭게 진행이 안 될 때도 많다. 하지만 의사결정 없이는 아무것도 못하기 때문에 결정하고 행동해야 어떤 일이든 일어난다. 순조롭지 않아도 '이 방법으로는 잘 안되는구나'라고 깨달았으면 거기서 다시 차근차근 다른 방법을 시도하면 된다. 문제를 미뤄두기보다는 시도를 통해 경험을 쌓아 다음으로 나아가는 것이다. 그렇기 때문에 의사결정은 중요하다.

빠르면서도 강력한 의사결정을 위해서는 어떻게 해야 할까? 본인이 중요하다고 생각하는 원칙(뜻mind)을 따르면 된다. 나는 동일본 대지진 때, '우리는 난처한 상황에 있는 지점을 돕는 것이 역할이다. 지금은 토호쿠의 사무실이 가장 난처한 상황에 있으니 무엇보다 토호쿠의 물류와 상하차 복구를 우선순위에 두자'라는 생각으로 의사결정을 했다.

우선순위가 명확해지면 의사결정은 간단하다. 도쿄나 오사카에서 클레임이 오진 않을까 신경이 쓰이고 다른 부서에서 대응해주면 된다고 생각하면서도, 대응이 늦거나 마음에 들지 않아 고객들이 떠나갈 가능성도 고려해야 했다. 그렇다고 토호쿠에 대한 처리를 늦출 수는 없으니 우선순위에 따른 처리를 하는 수밖에 없었다. 물론 상황에 따라 일처리의 방향을 바꾸는 것이 익숙하지 않을 수 있지만 긴급상황과 평상시에는 기준이 전혀 달라야 한다.

1장의 POINT

♦ 새로운 가치를 창출하기 위해서는 개인의 가치관이 중요해졌다. 팀원 각각이 주인공이 되는 수평적인 공간을 만들자.
♦ 팀장의 역할은 촉진자다. 팀원이 자신의 재능과 열정을 발휘할 수 있는 환경을 조성하는 데 주력하자.
♦ 긴급상황에서는 '나를 따르라', 평상시에는 '당신 먼저'를 기준 삼아 긴박한 상황에서는 앞서서 팀을 이끌어 가야 함을 기억하자.

2장

지시보다 중요한 것은 경청

2장
지시보다 중요한 것은 경청

> 사람은 모두 생각이 다르므로
> 팀원 각각에게 이야기를 듣는다

회사가 수직적인 구조에서 수평적 구조로 변화하면 팀장의 역할도 달라진다. 지금까지는 '정답을 알고 있는 사람'으로서 팀원에게 조언과 지시를 하는 역할이었다면, 이제는 촉진자로서 팀원 각각의 '재능과 열정을 꽃피우는' 역할을 맡게 된다. 구체적으로는 일대다(1:n)로 팀원 전체와 소통하는 동시에 1on1(1:1) 면담을 통해 팀원 개개인의 '이야기를 듣는 것'이다.

일대다는 공식적인 시간이다. 전체 회의에서 성과 목표를 공유하거나 진행 상황을 확인하는 등 팀원 전체가 모여 동일한 내용을 공유하는 시간이다. 이 내용은 팀 전체에 똑같이 전달되므로, 나중에 팀원들 사이에서 '들은 적 없는 내용이다'라는 소리가 나오지 않게 하는 것이 중요하다.

개인별로 능력도 경험도 다르기 때문에 동일한 내용을 들어도 받아들이는 방법이 다 다르다. 따라서 1on1로 마주하여 밀접하게 상대의 상황을 이해하고 지원하는 것이 필요하다. 1on1 대화를 통해 한사람 한사람의 이야기를 경청하는 것이 바로 이 부분 때문이다.

일대다에서 이야기한 내용을 1on1에서 보강하는 형태는 얼핏 관리자만을 위한 일처럼 보이지만, 팀원도 리더와 1on1로 이야기하고 싶은 욕구를 지닌다. '성과를 내서 승진하고 싶다'라는 말은 사람에 따라서는 죽기 살기로 하는 것일 수도 있고, 적당히 하고 싶은 것일 수도 있다. 어떤 방향으로 성장하고 싶은지, 어떤 성취를 만들고 싶은지에 대한 계획도 사람마다 다르고 사람과의 관계나 사생활에서 이런저런 문제들이 있을지도 모른다. 팀원들은 각자 막막한 상황에서 일을 하는데 이 상황들 또한 제각각이다. 팀장이라면 '사람은 모두 다르다'는 사실을 간과해서는 안 된다. 또한 팀원들의 불안감을 어떻게 해소할 것인지도 고민해야 한다.

그림 2-1 생각하는 것은 모두 다르다

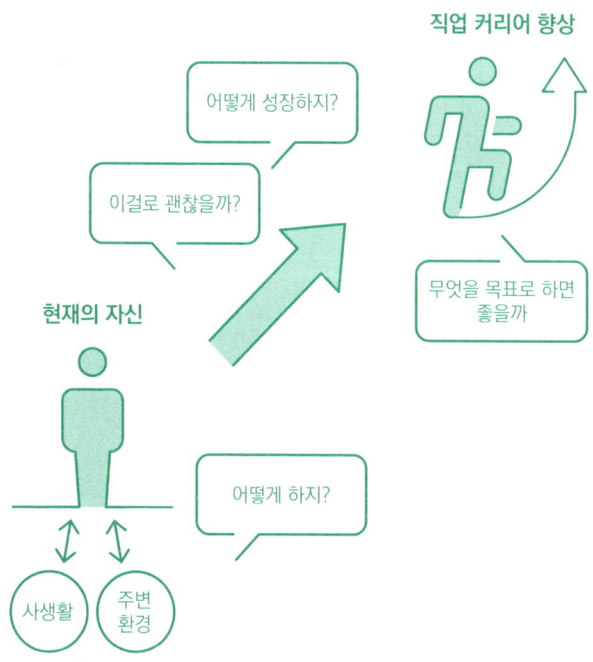

'내가 그런 것까지 다 고려해야 한다고?'라는 생각을 할 수도 있다. '사람의 기질따위 고려하지 않고 각자의 성과에 따라 포상이나 벌점을 주면 돼. 중요한 건 회사의 목표 달성이야. 대신할 사람은 얼마든지 있어. 잔말 말고 일이나 하면 돼'라고 생각하는 팀장도 있다. 그렇게 생각하는 것도 그 사람의 가치관이므로 그런 방식으로 일하고 성과가 계속 나온다면 상관없다.

하지만 요즘은 이런 팀장이 살아남을 만큼 호락호락한 사회가 아니다. 당근을 매달아 달리게 하는 경주마처럼 결과를 내려고 해도 더이상 성과가 나지 않는 시대이다. 지금은 팀원 개개인이 재능과 열정을 발휘하게 함으로써 모두의 지혜와 에너지를 잘 조합하여 결과를 낼 수밖에 없다. 리더조차 선택받는 시대인 것이다.

팀원들과 1on1 대화를 통해 불안정성을 해결한다

리더는 팀원들이 갖고 있는 불안감이 무엇인지 알아내고 해결할 수 있게 도와주면서, 팀원들이 재능과 열정을 발휘할 수 있게 해야 한다.

나는 2015년부터 근무했던 야후(현재는 Z홀딩스 재직 중)에서 관리 업무를 하면서 이 사실을 깨달았다. 야후에서는 2012년부터 전사적으로 1on1 대화를 시작했다. 회사에서는 이것을 관리 업무의 핵심으로 삼고, 모든 관리자가 팀원들과 일주일에 한 번 30분 정도씩 1on1 대화를 하도록 했다. 이 무렵에는 일본 회사에서 1on1을 하는 곳이 전혀 없었기에 야후에서 전사적 도입을 결정했을 때 반발이 있었다고 한다.

하지만 야후가 1on1 대화를 전사적으로 도입했을 때 사장인 미야자카 마나부 씨(현 도쿄도 부도지사)와 부사장인 카와나베 켄타로 씨(현 Z홀딩스 대표이사), 그리고 인사 담당이었던 혼사 코스케 씨(현 Z홀딩스 시니어 어드바이저)가 '시행하지 않으면 그만두겠다'는 결심으로 이 제도의 정착을 위해 싸웠던 것 같다. 이렇게까지 할 수 있었던 이유는 미야자카 씨와 혼마 씨가 야후의 부장이었고 카와나베 씨가 자회사의 사장이었을 때 본인들이 속한 곳에서 시행해본 결과 효과가 있었기 때문이었다. 팀에 먼저 적용해서 감을 잡은 뒤 전사적으로 도입한 것이다. 이는 1on1 대화뿐 아니라 무언가 새로운 도전을 할 때는 부분적으로 도입한 후 전체적으로 퍼트리는 것이 효과적임을 보여준다.

내가 야후에 다니던 2015년에는 이미 1on1 대화가 회사의 주요 정책으로 정착돼 있었다. 다만 본부장들은 '회사에서 하라니까 하긴 하는데 너무 바쁘니 안 할 수 있다면 안 하고 싶다'는 분위기였다. 그럼에도 시간이 흐르면서 야후의 리더들은 1on1에 익숙해졌고 그 효과를 체감하면서 1on1 대화는 팀원관리에서 빼놓을 수 없는 방법으로 여겨지게 됐다.

시간이 흘러 2020년대 들어 코로나19로 인해 기업들은 재택근무를 할 수밖에 없었고, 야후도 일부 업무를 제외하고는 전사적으로 재택근무를 하게 됐다. 코로나 이전에도 '어디든 오피스'라고 매달 5회까지는 사무실이 아닌 곳에서 어디든 자유롭게 근무할 수 있는 제도가 있었지만, 이는 근무 일수의 1/4 정도였다. 그래서 전사원이 매일 재택근무를 하게 되면 혼란이 생길 것이라고 예측했지만 의외로 혼란은 없었다. 재택근무를 시행하고 몇 달 뒤 시행한 직원 대상 설문조사에서는 '전사적 재택근무가 업무 효율을 높인다/변함 없다'는 응답이 90% 이상이었으며, 희망 출근 횟수는 '주 1~2회/주 0일'이 압도적으로 높았다. 야후는 이러한 결과를 토대로 '온라인 전환' 정책을 공표하여 코로나19와 관계없이 원하는 곳에서 근무할 수 있도록 변경했다. '원하는 곳'이란 사무실과 자택을 비롯한 모든 장소를 의미한다. 그래서 나 또한 Z홀딩스 사무실로 출근하는 일이 거의 없어졌다. 업무 미팅도 모두 온라인으로 진행한다. 가끔 우편물을 가지러 가거나 근처에 일이 있을 때 들리는 정도다. 이렇게 해도 문제가 생기지 않으며, 설령 발생하더라도 온라인 미팅에서 이야기하면 된다.

하지만 원격근무로 인한 '커뮤니케이션의 문제'를 느끼는 회사들도 많다. 재택근무를 시행한 이후 진행된 설문조사에서 '원격근무의 장점을 못 느낀다'고 답한 경영진들은 절반 정도였고(2020.7.13 마이나비 뉴스), '생산성이 떨어진다'고 느끼는 사원들은 다른 나라에 비해 압도적으로 많았다(2020.7.16 레노버 조사). 재택근무로 인한 생산성이 높지 않다고 생각하는 사람들이 많았다는 것이다. 파솔 종합연구소에서 진행한 '코로나19 대책이 재택근무에 미치는 영향에 관한 긴급조사(2021.1.21)'에서는 원격근무가 '생산성이 향상되거나 영향을 주지 않는다'라고 응답한 사람이 35.2%뿐이고 출근하여 근무할 때를 100으로 치면 원격근무의 생산성은 84.1이라는 결과가 나왔다. 어째서 이런 차이가 생기는 걸까?

원격근무에 대한 익숙함도 중요한 요소일 것이다. 야후에서 처음으로 '어디든 오피스'라는 제도가 도입된 시기는 2014년으로 '월 2회'라는 제한을 두었어도 오래전부터 시도해왔다. 더불어 '1on1의 진행 여부'가 큰 차이를 가져오지 않았을까?

직장에서의 커뮤니케이션을 살펴보면 다음과 같이 3종류로 나눌 수 있다.

① 팀 전체가 대상이 되는 일대다(1:n) 커뮤니케이션

② 다수 안에서 적절하게 이뤄지는 사적인 커뮤니케이션

③ 개별적인 커뮤니케이션(1on1 대화)

이중에서 ①은 온라인으로 진행해도 무리가 없다. 특히 회사 차원의 미팅이나 발표를 듣는 경우에는 온라인이나 대면이나 거의 차이가 없다.

②의 경우 대면했을 때는 옆자리 사람이나 지나치며 마주치는 사람들과 잡담을 하게 되는 경우가 흔하다. 온라인에서는 이 부분을 커버하기 위해 시간을 정해서 '온라인 티타임'을 진행하거나 '온라인 회식'등을 열기도 한다.

문제는 ③이다. 애초에 대면으로 1on1 대화를 하지 않았던 회사에서는 원격근무에서도 진행하지 않는다. 메일이나 전화 등으로 업무 연락을 할 뿐이다. 회사에서 대면으로 근무할 때는 직접 모습을 보기 때문에 팀원들의 상태나 업무 집중도를 파악하기 쉽지만, 원격근무에서는 1on1 커뮤니케이션을 하지 않으면 업무를 잘 따라오는지 혹은 불안감은 없는지 파악하기 어렵다.

야후에서는 재택근무로 바뀌었어도 단지 1on1 대화 장소가 대면에서 온라인으로 바뀌었을 뿐, 소통 자체가 바뀌지는 않았다. 1on1 대화는 대면/비대면에 크게 구애받지 않는다. 그렇기에 재택근무 시에도 큰 불편없이 진행할 수 있었다.

여기서 '사무실에서 얼굴 보며 일하니 파악하기 쉽다'는 부분에 의문을 갖게 된다. 대체로 고민이 있을 때의 안색이나 표정은 얼굴에 드러나기 때문에 파악이 쉽지만, 담담한듯 보이는 사람이 사소한 고민을 갖고 있을 때 이를 리더에게 편하게 말할 수 있을까? 애매하게 신경 쓰이고 해결방법이나 실마리가 전혀 잡히지 않지만 업무에 영향을 주지는 않는 경우라면 리더에게 상담을 요청할 수 있을까? 대부분은 그렇지 않다. 팀원 대부분은 이런 사소한 고민을 갖고 일하는데 이 점을 부담 없이 말할 수 있다면 좋을 것이다. 그렇기에 굳이 1on1 대화 시간을 통해 사소한 고민을 공유하는 것이 필요하다.

1on1 대화의 기본

1on1 대화라고 하면 왠지 정해진 양식이 있고 제대로 실행하기 위해서는 반복해서 훈련을 받아 테크닉을 익혀야 한다고 생각할지도 모른다. 하지만 기본만 알아두면 나머지는 직접 진행하며 발전시켜 나가도 충분하다. 그럼 최소한의 기본을 배워보자.

야후에서는 1on1 대화를 이렇게 정의한다.

[팀장(리더)이 일정한 시간을 내서 팀원들의 이야기를 경청함으로써 목표 달성 및 성장을 지원하는 자리]

이것이 1on1에서 중요한 점이다. 팀장이 무엇을 해야 할지 모르면 팀원 또한 1on1을 그저 잡담을 나누는 시간으로 인식하기 때문에 그 목적을 제대로 인식하고 수행해야 한다. 여기서는 팀장이 1on1에서 해야 할 기본적인 3가지를 설명한다.

① 정기적으로 팀원을 위해 시간을 할애함
② 팀원의 이야기에 귀를 기울임
③ 목표 달성 및 성장을 지원함

팀장은 정기적으로 팀원을 위해 시간을 할애한다

이것이 가장 중요한 부분이다. 1on1 대화는 팀원을 위한 시간이다. 1on1 대화는 팀원이 말하고 싶은 내용을 이야기하면 팀장은 상대를 이해하고 거기에 맞춰 지원하기 위한 시간이다. 결코 팀장이 주인공인 시간이 아니다. 팀장이 알고 싶은 내용을 듣는 시간도 아니고, 애매한 업무를 명확히 하는 시간도 아니다. 당신이 하고 있는 1on1 대화가 팀원을 위한 시간인지 되짚어 보자.

당연히 처음에는 팀장이나 팀원 모두 1on1 대화가 서투르기 때문에 대개 팀장이 먼저 "1on1 합시다"라고 요구한다. 나중에 이 미팅의 의미를 깨닫고 팀원이 먼저 "1on1 대화 부탁드려요"라고 요청한다면 최고의 결과라 할 수 있다. 이 자리는 팀원을 위한 시간이기 때문이다.

나는 무사시노 EMC에서도 학생들과 1on1을 하고 있다. 1학년은 1on1 대화가 아직 낯설고 그 효과도 잘 모르기 때문에 내가 먼저 "1on1 합시다"라고 말한다. 몇 번이고 꾀어서 진행을 하다 보면 학생들 또한 이 시간이 본인들을 위한 시간이며 의미가 있다고 느끼게 된다. 2학년이 되면 내가 먼저 요청하기 전에 학생들로부터 "1on1 대화 부탁드려요"라는 메시지를 받아, 말그대로 학생들을 위한 시간으로 활용되고 있다.

다만 학생들의 '자율성'에만 맡기면 점점 귀찮아져서 안 하게 될 수 있다. '하고 싶을 때 한다'는 방식은 역시 효과가 떨어진다. 그렇기에 '팀원(학생)을 위한 시간'이라고는 하지만, 팀원과 팀장(리더)이 상의하여 정기적으로 시간을 잡는 것이 좋다. 가능하면 매주 진행하는 것이 좋고 여의치 않다면 격주나 매월 진행한다. 그보다 더 간격을 벌리는 것은 추천하지 않는다.

팀원의 이야기를 경청한다

앞서 언급한 것과 같이 1on1 대화는 리더를 위한 시간이 아닌 팀원을 위한 시간이다. '팀원이 말하고 리더는 듣는다'가 기본이다. 초반에는 명확한 조언보다는 전적으로 많이 들어주는 것이 중요하다.

이야기를 많이 듣는 것이 왜 중요할까? 팀장 입장에서는 팀원의 상태를 알 수 있고 상대에 대한 이해가 깊어지므로 지원하기 수월해진다. 또한 입 밖으로 소리 내 말하면서 본인의 생각이 구조화(구체적인 형상을 만듦)되는 효과도 있다.

팀원은 상당한 불안감을 갖고 있다. 원인을 알 수 없고 그 이유를 명확히 알 수 없는, 그렇기에 어떻게 해야 할지도 모르는 '막막함'이다. '애매한데……', '모르겠는걸' 같은 감정들이 정리되지 않은 채 머리속에서 실타래처럼 엉켜 있는 느낌이 드는 것이다. 이런 상태로는 문제해결이 어렵기 때문에 해결해야 할 과제를 우선적으로 선택하고 무엇이 문제인가를 명확하게 한 뒤, 필요한 요소를 분석하여 상황을 인식한 후 하나씩 구체적인 방안을 세워 나가야 한다.

머리속으로는 아무리 생각해도 정리되지 않는 것도 입 밖으로 소리 내 말하고 **상대(팀장)와 이야기하면서 내용이 구체화된다**. 이 과정이 쉽지는 않겠지만 타인에게 설명하기 위해 무엇을 말하고 말하지 않을지 선택하는 과정이 정리의 시작이다. 당신도 다른 누군가에게 고민을 말하면서 생각이 정리되고 어느새 방향이 보이기 시작한 경험이 있을 것이다. 바로 이 부분이 핵심이다. 말을 하다 보면 머릿속이 정리되기 때문에 말을 많이 하게 하는 것이다.

많은 이야기를 듣기 위한 사전 준비

많은 이야기를 듣기 위해 필요한 것은 무엇일까? 일단 관계를 만들지 않고는 시작조차 할 수 없다. 다음과 같은 회의실에서의 상황을 살펴보자

팀장: 1on1미팅을 시작해 볼까요?

팀원: 네.

팀장: 요즘은 좀 어떠세요?

팀원: 별로 특별한 일은 없어요. 평소와 같습니다.

팀장: 힘든 건 없나요?

팀원: 딱히 없는데요.

내가 여러 곳에서 1on1 강의를 하면서 자주 접한 질문 중 하나는 "1on1을 진행해도 '별일 없습니다'라는 대답만 하니까 진전이 없어요"라는 것이다. 이런 경우가 정말로 많다. 이렇게 되면 1on1 대화 시간이 서로에게 시간 낭비일 뿐이며 1on1 진행 중에 이 부분을 해결하기란 매우 어렵다. '제대로 말하고 잘 듣기'가 가능할 수

있는 관계를 형성하는 것이 1on1 진행 전에 선행돼야 한다.

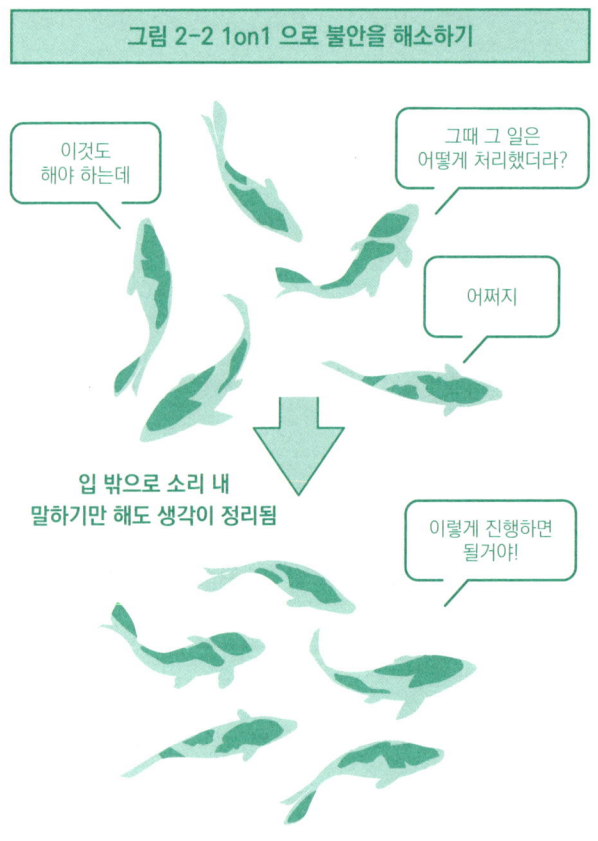

그림 2-2 1on1으로 불안을 해소하기

'특별히 없는데요' 같은 의미 없는 대답을 피하기 위해서는 **평소에 사람들과 제대로 된 관계를 형성해 놔야 한다**. 서로의 존재를 인정하고, 상대방과 말하고 이야기를 듣는 것에 거부감 없는 관계여야 한다. 평소에는 관계없이 지내다가 1on1 때만 이야기하는 것은 의미가 없다.

사무실 근무를 하고 있다면 돌아다니면서 잡담을 하거나, 원격근무라면 온라인 회식 등을 열어 '말할 수 있는' 사이가 되어야 한다. 다만 이런 시간에도 목소리가 큰 사람만이 이야기하거나 딱히 목적이 없어서 대화 거리가 없을 수도 있으니 팀장은 '모두가 이야기하는 시간'을 만들어야 한다. 그냥 목적없이 잡담하는 시간이 되지 않도록 하는 것이 팀장의 역할인 것이다.

경청의 사인을 보낸다

어느 정도 대화할 수 있는 관계가 되면 그 이상의 이야기는 1on1 대화 때 듣는다. 이때 **자세나 표정, 끄덕임** 등 모든 리액션을 사용해서 상대방에게 사인을 보내야 한다.

- **자세:** 상체를 기울여 집중하는 모습을 보인다. 상대가 상체를 의자 뒤쪽으로 기대는 모습을 보면 말하고 싶은 마음이 사라진다.
- **표정:** 부드럽지만 진지한 표정으로 주의 깊게 듣고 있음을 보여준다.
- **끄덕임:** 상대가 말하는 데 방해되지 않을 정도의 반응을 보인다.

이 부분은 '대화의 기술' 같은 곳에서 많이 언급됐을 수도 있지만 제대로 짚고 넘어가는 게 좋다. 체크리스트까지 작성해서 점검할 내용은 아니지만, 몸에 배도록 하자. 상대는 이렇게 사소한 부분까지도 보고 느끼게 된다. '어서 나에게 말해봐. 뭐든지 다 들어줄게!'라는 생각을 자연스럽게 전하는 것이다.

반응을 보이는 방식도 여러 가지다. '네'가 기본이라면, '네, 네'같이 반복하면 반응이 더 크게 느껴지고, '오!'라는 대답에는 '그 부분은 좀 더 자세히 알고 싶다'라는 뉘앙스가 포함된다. '아 역시……' 같은 표현은 이해가 깊어졌다는 사인이다. 이와 같은 대답들을 패턴을 정해서 기계적으로 하지 말고, 마음을 실어 상대방에게 전달하자.

이야기를 확장하는 질문, 깊이 파고드는 질문

많은 이야기를 듣기 위해서는 대답뿐 아니라 약간의 질문도 곁들이면 좋다. 이 부분이 어려운 사람도 있겠지만 3개의 기본적 사항을 알아두면 가능하다.

첫 번째는 모두가 아는 '5W1H'다.

- 언제 When
- 어디서 Where
- 누가 Who
- 무엇을 What
- 왜 Why
- 어떻게 How

이야기를 듣다가 좀 더 자세히 듣고 싶은 내용을 골라서 물어보자. 다음을 보자.

팀원: 이런 생각이 들더라고요.

팀장: 언제(when) 그런 생각이 들던가요?

팀원: 별로라는 생각이 들더라고요.

팀장: 어쩌다(How) 별로라는 생각이 들었을까요?

모든 정보를 5W1H에 맞추어 물어보는 것이 아닌, 딱 필요한 부분에만 적용하자.

두 번째는 [구체화와 추상화]이다. 상대가 추상적으로 "뭔가 기분이 나빠요"라고 말하면, "구체적으로 어떤 부분이 그렇게 느껴질까요?"라고 물어본다. 반대로 상대가 "이런 일도 있고 저런 일도 있었어요"라고 말한다면, "그렇다면 그건 아마도?"라고 추상화를 할 수 있게 물어본다. 추상화는 구체적인 생각을 정리해서 한마디로 정리하는 작업이다. 사람은 생각을 할 때 구체적인 부분과 추상적인 부분을 오간다. 즉 구체적인 것 몇개를 정리해서 어떠한 추상적인 감정으로 이해를 할 수 있게 되기도 하고, 추상적인 감각에서 '왜 이런 생각이 들지?'라고 구체적인 내용을 반문해 가면서 자신의 생각을 구조화하기도 한다. 그러니 세밀한 사항만 나오면 추상화를 하게

그림 2-3 구체화와 추상화를 보완할 수 있게 질문한다

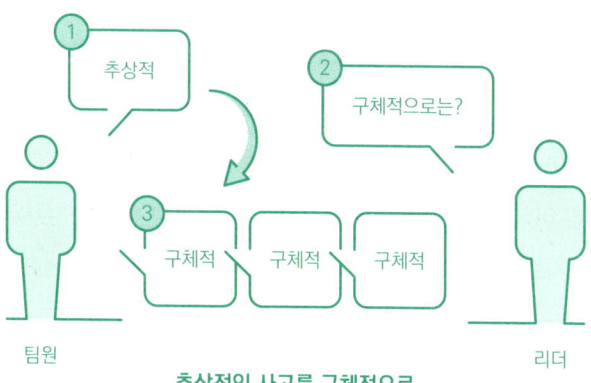

추상적인 사고를 구체적으로

구체적인 사고를 추상적으로

해주고, 너무 모호한 생각들이 많을 때는 구체적인 것을 찾아내는 것으로 더 많은 이야기를 끄집어 낼 수 있다.

세 번째는 상대방에게 듣고 싶은 내용을 들을 수 있게 직접적으로 묻는 "조금 더 자세히 말해주세요", "또 다른 것이 있을까요?" 같은 확장성 질문이다. 대부분의 사람은 한 번에 자세한 내용을 정확하게 전달하기 어렵다. 그렇기 때문에 듣는 사람이 상대방으로부터 내용을 끌어내야 한다. 이야기를 진행시키는 것뿐 아니라 때에 따라서는 이야기의 진행을 끊고 "더 자세히 알려줄래요?"라며 깊이 파고들기도 하고, "또 다른 게 있을까요?"라고 물음으로써 이야기를 확장시키기도 한다. 이를 통해 말하는 사람은 생각을 더 많이 하면서 여러 가지 이야기를 하게 된다.

> 그림 2-4 확장하고 깊이 파고드는 질문

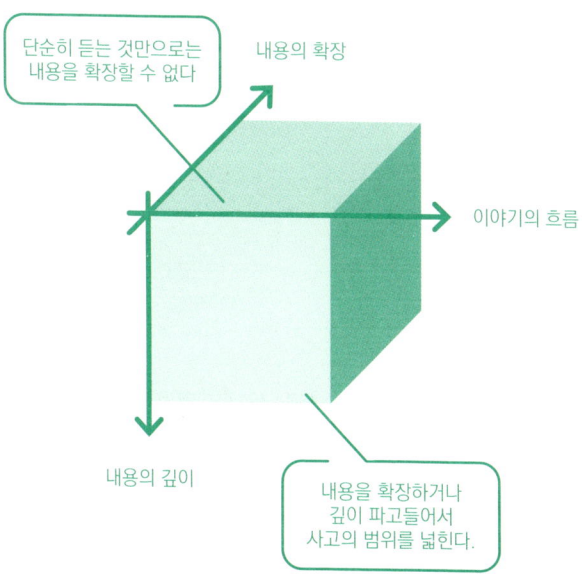

목표 달성 및 성장을 지원한다

　상대방과 관계를 형성하고, 상대가 많은 이야기를 하고, 팀장은 이를 제대로 듣는 것이 1on1의 기본이다. 이것이 가능하게 되면 대부분의 팀원들은 1on1을 기다리게 된다. 막막한 상태에 있던 팀원은 누군가 이야기를 들어주면 고마움을 느낄 수밖에 없다.
　하지만 이것만으로는 단순히 푸념을 늘어놓는 것으로 끝날 수 있다. 이것을 팀원의 성장으로 연결할 수 있다면 더욱 의미 있는 시간이 될 것이다.

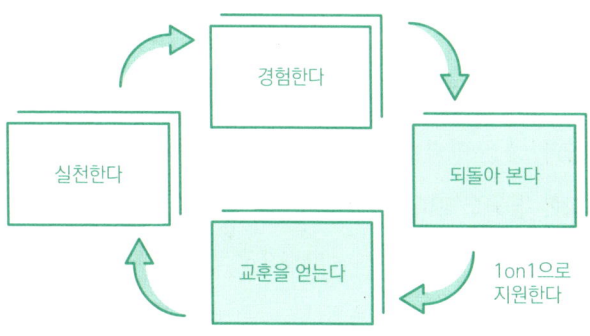

그림 2-5 콜브(Kolb)의 경험 학습 주기

팀원들의 이야기를 많이 듣고 거기서 깨달음을 얻는다. 1on1에서 깨달음을 얻어 실행을 하여 경험을 쌓는다. 그러고는 또 다시 1on1 대화를 통해 되돌아보고, 깨달음을 얻고, 실행하기를 반복하는 것이다. 이는 콜브Kolb의 경험학습[그림2-5]과 유사하다. 여기서의 경험학습은 '직장훈련On the Job Training, OJT에서 말하는 많은 것을 경험할 수록 성장한다'와는 다르다. 단지 실천하는 것뿐 아니라, 그 경험을 통해 되돌아보고 교훈으로 삼는 것이 중요하다. '되돌아보고 교훈으로 삼는다'를 1on1

을 통해 하면서 팀원들의 성장을 도울수 있다.

리더가 '답'을 알려주는 식으로는 팀원들이 깨달음을 얻기 어렵다. 그렇기에 '코칭coaching', 즉 질문을 통해 상대방이 직접 깨닫고 자발적으로 행동할 수 있게 하는 것이다. 물론 경력이 적은 사람에게는 '티칭teaching'이 필요한 경우도 있다. 이때는 30분의 1on1 대화에서 15분은 코칭, 15분은 교육teaching으로 시간을 나눠 보거나, 교육 부분은 경험 많은 팀원(사수)에게 맡겨도 된다. 코칭은 전문적으로 배울 수 있는 강좌가 다양하고 전문서적도 많아서 다양하게 활용하면 좋다. 이 책에서는 내가 어떤 식으로 질문하는지 소개하고자 한다. 기본적으로 '과제 해결 사이클'을 기반으로 하여, 직전의 1on1 대화 이후에 실제로 경험한 것을 깨닫게 한다.

① 어떻게How: 일주일간 어땠어요? 잘 되어가요?(잘 안 되는 것 같아요?)

② 어디서Where: 구체적으로 어느 부분이 쉽게 됐나요?(잘 안 되는 것 같아요?)

③ 왜Why: 그것은 왜 잘 된 것 같죠?(잘 안 된 것 같아요?)

팀원이 여기까지 잘 따라오고, '아 그런 거구나. 이 부분은 잘했네'라고 깨달음을 얻으면 다음 행동으로 연결한다.

④ 언제/무엇을When/What: 언제까지 무엇을 할 건가요?

이후 행동에 대한 대답을 듣고 나면 1on1을 종료한다. 이것을 매주 반복하다 보면 팀원들도 이 패턴에 익숙해져서 어느새 질문을 하지 않아도 자연스레 '자아성찰'(스스로 돌아보는 것)을 진행하게 된다. 이것을 기본 삼아 질문을 더 확장하고 팀원들이 깨닫게 하면 된다. 초반에는 무조건 많은 양을 알아내야 한다. 그러기 위해서는 이전에 말한 것처럼 많은 이야기를 들을 수 있게 질문하자.

중반부터는 이야기의 깊이를 더해 깨달음으로 이어지게 한다. 이를 위해 본인의 발언을 스스로 되돌아보며 객관적으로 바라보게 한다. 다음의 3가지 질문은 야후에서 함께 일한 1on1 대화의 달인 혼마 고스케 씨가 자주 활용하는 말로, 본부장급 간부들과 2:1 면담을 반복해서 진행할 때 정말 자주 한 질문들이다.

- 다시 한 번 물어볼게요.
- ……라고 생각하는군요.
- '××'라고 자주 말하는 걸 보니 중요한 것 같네요.

첫 번째의 "다시 한번 물어볼게요"는 화자의 대답이 애매할 때 많이 사용된다. 반복해서 물어보는 것만으로도 화자의 마음을 제대로 언어화하게 해준다.

다음에 있는 "……라고 생각하고 있군요", "××가 중요한 것 같네요"는 둘 다 화자로 하여금 자신의 주장을 객관적으로 보게 함으로써 다시 한번 생각해 보게 하는 말이다. 이렇게 물으면 상대방은 "아 그렇네요, 제가 중요하게 생각했네요"라거나, "분명 의식하지는 않았지만 최근에 가장 많이 생각한 부분일지도 모르겠어요"라고 말하며 자신이 어째서 그런 말을 했는지 생각해 보게 된다.

대화를 깊은 깨달음으로 연결하기 위해서는 많은 이야기를 듣는 것뿐만 아니라 자신의 말을 객관적으로 보게 하는 것도 중요하다. 이를 위해 '틈'을 주는 것도 필요하다. 우리는 대화가 끊기는 것을 두려워하지만 그것이 두려워 깊게 생각하지 못할 수도 있다. 나와의 1on1 대화에 대해 이런 의견을 준 사람이 있었다.

"1on1 때를 생각해 보면, 질문을 받고 잠깐의 침묵이 있었을 때 '내가 생각해볼 수 있는 시간이구나'라고 느꼈어요. 말하기 편하다는 건 상대방이 뿜어내는 분위기도 그렇지만, 생각할 시간이 있는지(상대가 내 대답을 기다려줄 건지)에 따라 크게 달라지는 것 같아요. 요이치 씨와의 1on1 대화는 좋은 의미에서 방치된 시간이 있어서 스스로 깨달음을 얻을 수 있었어요."

제대로 생각할 시간을 주고 이로 인해 1on1의 시간이 끝나버리더라도 괜찮다는 상호 이해가 수반되면 상대방은 더 깊은 깨달음을 얻게 된다.

지금까지 리더가 팀원들을 위해 정기적으로 시간을 내고 팀원의 이야기를 경청하여 목표 달성과 성장을 돕는 도구로서의 1on1 대화에 대해 자세히 설명했다. 기본적인 내용을 알고 있으면 나머지는 실천을 통해 쌓이게 되므로 좀 더 좋은 관계가 되어 갈 것이다. 리더가 하고 싶은 말은 일 대 다 미팅 때 하고, 1on1 때는 팀원과 마주하는 시간을 통해 팀원의 이야기를 듣고, 그것을 토대로 팀원의 성장을 이끌어 낸다. 이것이 바로 '경청의 리더십'이 필요한 이유이다.

2장의 POINT

♦ 나를 위해서가 아닌 팀원들을 위한 정기적인 1on1 시간을 할애하여 귀를 기울이자.
♦ 말을 많이 하게 하기 위해서 '5W1H', '구체화와 추상화를 오가는 질문'을 의식하며 질문하자.
♦ 1on1 대화를 하는 도중에 '되돌아보기'와 '깨닫기'를 하며 목표 달성과 성장을 촉진하자.

3장

모두가 주체적으로 발언하는 '회의' 만들기

3장
모두가 주체적으로 발언하는
'회의' 만들기

회의의 목적을 제대로 알자

리더가 팀에서 일하는 방법에는 일대다(1:n) 발표와 1on1 대화가 있는데 2장에서는 그중 1on1 대화를 할 때 '경청'의 중요성을 살펴봤다.

이번 장에서는 또 다른 상호작용이 필요한 '회의'에 대해 생각해 보고자 한다. 회의는 일 대 다처럼 발표자가 일방적으로 다수에게 말하는 상황도 아니고, 그렇다고 1on1로 대화하지도 않는다. 회의는 여러 명이 평등하게 논의하고 결론을 내는 시간이다. 모든 팀에는 그 팀만의 목적과 목표가 있다. 그리고 목적을 위해 여러 가지를 선택하며 길을 만들어간다. 수행 과제와 선택지가 무엇인지, 그중 어떤 것을 선택할지 같은 사항을 회의에서 결정한다.

회의에서는 팀 내부만이 아닌 다른 부서의 사람들이나 외부 협력사의 사람들과도 논의하며 의사결정을 진행한다. 회의라고 하면 '비효율적인 시간'이라거나 특출난 사람의 의견을 듣는 시간이라는 생각이 강하다. 실제로도 그런 면이 많을 것이다. 하지만 본질은 그렇지 않다. 회의는 팀을 운영하면서 문제를 해결하고 나아갈 방향을 명확히 하는 시간이다.

이렇게나 중요한 회의를 팀장으로서 어떻게 운영해 나가는 것이 좋을까? 기본 전제는 '논의를 통해 결정'하는 것이다. 1on1에서는 대화를 해야 한다고 했는데, 대화와 논의는 다르다. 회의에서는 '논의'를 해야 한다.

대화는 그저 말하고 듣는 것이 기본이다. 화자와 청자 사이에 공통의 결론을 낼 필요가 없다. 화자는 그저 느끼는 대로 말하면 되기에 결론이 필요하지 않다. 말하는 것 자체가 중요하다. 화자가 말을 하면 청자는 고개를 끄덕이거나 질문을 통해 화자의 생각을 이어가면 되는 것이다. 그게 대화다.

반면에 논의는 어떤 주제로 이야기하고 공통의 결론을 내는 것이다. 물론 의견이 대립하기도 한다. 회의란 정해진 이슈에 대해 참석자가 의견을 내고 각각의 의견에 대한 찬반 논의를 거쳐 어떤 형태로든 결론을 낸다. 이렇게 결론이 난 의견을 모두가 실천해 가는 것, 이것이 회의다. 이런 과정 없이 '회의'라고 부르는 모임은 결론의 내용이 상관없는 그저 모임일 뿐이다. 예를 들면 '성과 보고' 회의 같은 곳에서 윗사람에게 보고하고, 윗사람은 '나쁘지 않네' 같은 반응을 하는 식이다. 예전보다는 줄었을지라도 아직은 존재하고 있는 방식이다.

결과를 공유하고 싶다면 이메일로 보고서를 보내면 된다. 그 편이 빠르다. 설명이 필요한 부분에 대해서는 추가로 내용을 보내면 된다. 필요에 따라서는 영상을 첨부할 수도 있다. 해당 부분을 메일로 첨부하면 언제든지 원하는 시간에 볼 수 있으니 모두가 같은 장소에 모여서 이야기를 들을 필요가 없다.

회의가 아닌 모임에 불과한 또 다른 예로 목표 달성이 부진한 상황에서 리더가 팀원들을 다그치는 성격의 회의가 있다. 상사는 진행 여부 상황을 보고받은 뒤, 목표 미달이면 비난과 더불어 "그래서 어떻게 할 건가요"라며 추궁하며 보완책을 내도록 강요한다. "신중히 검토해보겠다" 같이 뾰족한 수가 없는 대답에는 고함을 치기도 한다. 나도 젊었을 때 이런 회의에 참석해 추궁을 당해본 경험이 많다. 사람은 누구나 추궁당하는 것이 두렵기 때문에 열심히 보완책을 생각한다. 하지만 이는 무의미하다. 회의를 주체한 팀장은 팀원들을 두려움으로 지배한다고 느낄지 모르지만, 많은 사람 앞에서 추궁을 당하면 멘탈이 흔들리기 때문에 결국에는 효율성이 떨어진다. 팀장 입장에서는 부담감을 이겨내고 성장하기 바라고 팀원 역시 나중에는 그런 경험이 자신을 강하게 만들었다고 여길지 모르지만, 장기적으로 볼 때 그렇게 멘탈을 흔드는 방법은 옳지 않다.

애초에 보완을 위한 회의를 하게 된 것 자체가 팀장의 책임이다. 애초에 1on1 대화로 팀원들과 제대로 소통하고 있었다면 추궁할 일이 없을 것을, 팀원에게 책임을 전가하는 최악의 리더다. 이러한 회의는 성과가 안 나오는 상황에 대해 팀장이 화풀이하는 것에 지나지 않는다. 회의는 '모두가 평등하게 논의하여 결정하는 자리'이다. 논의할 때는 당연히 많은 의견이 나오는 것이 좋기 때문에, 팀 내에서 수평적 관계를 형성하는 것이 무엇보다 중요하다. 대부분의 상황에서는 정답이 없고 명확한 것이 없으므로, 모두가 의견을 내고 토론하여 결론 내는 것이 좋다.

활발하게 의견이 나오는 촉진의 단계

다양한 의견이 제시되는 토론을 원한다면, 팀장은 촉진자로의 역할을 맡는 것이 적절하다. 물론 팀장 또한 회의 내용에 대한 의견이 있을 것이다. 하지만 팀장이 먼저 발언을 시작하면 참가자들은 팀장의 의견을 따라가게 된다. 그러므로 팀장은 자기 의견이 있어도 묻어둔 채, 촉진자로서 중재하며 회의를 이끌어 결론을 도출하는 것이 좋다. 회의의 흐름은 다음의 그림과 같다.

그림 3-1 회의의 흐름

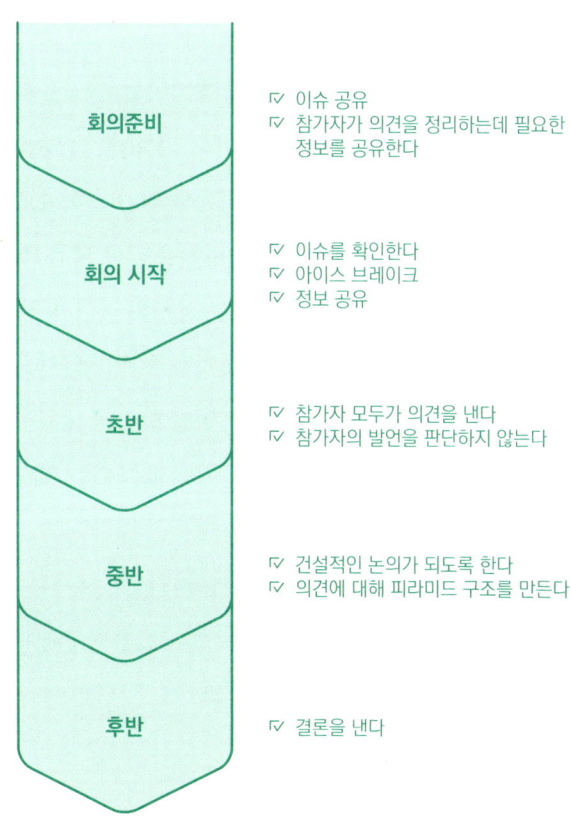

회의준비
- 이슈 공유
- 참가자가 의견을 정리하는데 필요한 정보를 공유한다

회의 시작
- 이슈를 확인한다
- 아이스 브레이크
- 정보 공유

초반
- 참가자 모두가 의견을 낸다
- 참가자의 발언을 판단하지 않는다

중반
- 건설적인 논의가 되도록 한다
- 의견에 대해 피라미드 구조를 만든다

후반
- 결론을 낸다

01 사전준비: 이슈를 공유한다
참가자들이 미리 생각할 수 있도록 사전에 정보를 공유한다

우선 이슈(해결할 문제)를 사전에 참가자들과 공유한다. 이슈는 '무엇을 주제로 이야기할까?'가 아닌, '무엇을 해결할 것인가?'를 고려하여 참가자들의 의견이 하나로 수렴될 수 있을 만한 것으로 정한다. 예를 들어 다음 회의 주제를 '6개월에 한 번씩 발표되는 본부의 영업 방침'으로 정하는 것은 적절하지 않다. 이러한 주제는 의견의 방향을 일치시키기 어렵다. 팀장이 '영업 방침에 대해서 어떻게 생각하나요?'라고 의견을 물으면 돌아오는 의견은 다음과 같이 제각각일 것이다.

- 영업 방침은 불필요하다
- 지금까지의 방침은 별로였다
- 알기 쉬운 방침이 필요하다
- 더 빨리 발표해야 한다
- 현장의 목소리가 반영되지 않는다
- 방침에 대해 이러저러한 요구도 있다

이렇게 제각각의 의견이 나오기 때문에 중구난방 식으로 이야기가 펼쳐지는 동안 시간만 흐르기 일쑤다. 과장하는 것이 아니라, 실제로 무슨 말을 하는지도 모르는 사이에 시간이 다 가 버린 회의에 수도 없이 참석했었다. 이런 경우에는 '다음 분기에 전사적 영업 방침을 내놓기 위해 우리가 먼저 할 수 있는 일은 무엇일까'라고 질문을 바꿔보자. 그렇게 되면 '영업 방향을 설정하기 위해 ××부터 시작하는 것이 좋다'는 식으로 의견이 모아질 수 있다.

이슈 외에도 검토가 필요한 사항에 대한 정보가 있으면 되도록 회의 전에 공유한다. 참석자들이 사전에 자신의 의견을 생각해 오면 회의의 효율성이 높아질 수 있다. 회의 시간에 여러 주제를 주고 그에 대해 갑자기 의견을 내라고 하면 의미 있는 의견이 나오기 어렵다. 우리는 그렇게 똑똑하지 않기 때문에, 떠오르는 생각을 말하기에도 벅차다. 사전에 이슈를 인지하고 정보를 접하면 미리 시간을 내 생각해 볼 수 있어서 회의에 주체적으로 참석할 수 있다.

사전에 생각해 와야 하는 것은 주어진 이슈에 대한 결론이다. '찬성, 반대 둘 다 가능하다'거나 '두가지 결론 중에 어느 쪽을 선택할지는 당일 회의에서 생각하자'보다는, 완전하지는 않더라도 어느 한쪽으로 결론을 내 두는 것이다. 더불어 그 **결론에 대한 근거를 3개** 정도로 추려 두면 좋다.

물론 결론에 대한 근거를 무조건 3개씩 만들 수는 없지만 1-2개는 설득력이 약할 수 있고 4-5개는 좀 더 추려 볼 수 있을 테니 3개 정도가 적당하다. 이 **근거를 설명하는 사실이나 사례**가 있으면 더 좋다. '이 근거는 이런 수치에 의한다' 같이 사실적 자료를 들어 설명하면 설득력을 높일 수 있다. 즉, 논리적 기술에서 말하는 '피라미드 구조'(결론-근거-사실)로 주장을 구조화하는 것이다.

[사실]에서 [근거]를 만들고, [근거]에서 [결론]을 만든다. 이 구조가 논리적인지 확인해 두는 것도 중요하다. 이것이 피라미드 구조의 핵심이다. 완벽하지 않더라도 피라미드 구조 식으로 자신의 의견을 만들어 두는 것이다. 나는 항상 이렇게 피라미드 구조를 미리 생각하여 회

의에 참가하고 있다. 이러한 준비는 15분 정도로 빠르고 짧게 하는 게 좋다. 이슈와 자료를 훑어보는 데 5-6분, 피라미드 구조를 만드는 데 5-6분 정도다.

그림 3-2 피라미드 구조

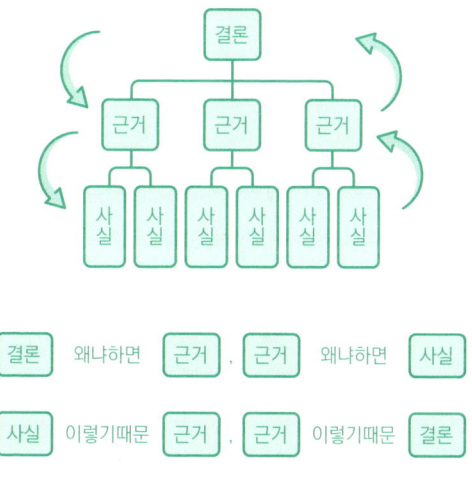

**위/아래 어떤 방향으로도
타당한 의견이 될 수 있는 구조를 만든다**

나는 회사에서 직장인과 학생을 대상으로 '논리적 사고' 연수를 실시하는 데, 이 피라미드 구조 만드는 연습을 반드시 한다. 다양한 주제로 진행하는데, 누구든 어떤 주제라도 5-6분이면 간단하게 구조화가 가능하다. 처음에는 어색하지만 반복하다 보면 요령이 생기게 된다.

이것만 해도 회의에 주체적 참여가 가능해지니, 동의가 된다면 한 번 적용해 보는 게 좋겠다. 준비할 시간이 넉넉하다면 이에 더해서 자신의 의견과 반대인 사람의 피라미드 구조를 예측해 보는 것도 효과적이다. 리더로서 양쪽의 의견을 생각해 보는 것만으로도 의미 있는 일이고, 팀원들에게도 공평한 의견을 나눌 수 있는 기회를 제공할 수 있어서 양질의 논의를 할 수 있다.

02 회의 시작
많은 이야기를 듣기 위해 전력을 쏟는다

팀장은 우선적으로 촉진자 역할에 충실하면 된다. 이야기를 충분히 듣고 나서 판단하고 싶다면 믿을 만한

사람에게 촉진자의 역할을 맡겨도 좋다. 다만 촉진 역할은 매우 중요하기에, 회의 분위기를 부드럽게 하면서 많은 의견을 이끌어 내고 건전한 논의를 통해 결론을 이끌어 가는 촉진자의 역할에 따라 회의의 성패가 갈릴 수도 있다.

촉진은 회의를 진행하기 위해 '중재'하는 역할이지 절대 자신의 뜻대로 회의를 유도하는 것이 아니다. 팀장이 촉진을 하면서 자신이 가고 싶은 방향으로 유도하고 있다는 느낌을 주게 되면 아무래도 팀원들이 영향을 받게 되며, 그 부분을 고려한 의견을 말하게 된다. 이것이 권력이 갖는 힘이다. 팀장은 최종 판단을 하더라도 가급적 본인의 의향은 내색하지 않는 게 좋다. 꼭 의견을 내야 할 때는 "나의 의견은 이러한데 사실 나도 이게 어떨지 잘 모르니 자유롭게 이야기 해주세요"라고 중립적으로 이야기하는 것도 하나의 방법이다. 어찌 됐든 리더의 뜻대로 끌려가는 회의는 필요하지 않다.

회의를 시작할 때 먼저 회의의 의미를 설명하고 이슈를 확인한다. 이슈는 화이트보드에 잘 보이도록 적어 두어

회의 중에 언제든 확인할 수 있게 하는 게 좋다. 그런 다음에 회의의 목표를 설명한다. 이번 회의에서 어느 정도까지 진척을 보여야 할지, 결론을 내야 할지 혹은 그 전까지인지, 의견이 좁혀지지 않을 경우에는 어떻게 정리할지 등을 먼저 전달한다.

그런 다음에 아이스 브레이크를 한다. 목적은 2가지다. 첫째, 소리 내 말하는 것만으로 발언이 쉬워진다. 둘째, 이 자리에서는 모두가 평등하게 말할 권리가 있음을 이해하기 위함이다. '아이스 브레이크'라고 검색하면 나오는 '점검 단계'에서 수행해야 할 오늘의 기분이나 각오 등을 한 사람씩 말하는 식으로 모든 사람들이 목소리를 내게 한다. 회의의 성격에 따라 다르지만, 잠깐의 아이스브레이크는 정말 효과적이다. 흔히 회의라고 하면 무거운 분위기에서 진행되는 거라는 이미지가 있는데, 심각한 분위기는 다양한 의견을 내는 데 도움이 안 된다. 활발하게 의견이 오고 가기에는 부드러운 분위기가 더 좋다. 촉진자인 팀장은 이러한 분위기를 조성할 수 있다.

다음으로 회의 진행에 필요한 내용을 간단히 공유한다. 이것은 앞에서 말한 '사전에 공유해야 한다'라고 한 것과 동일한 정보로써 회의에서는 그것을 인지하고 왔다는 것을 전제로 가볍게 짚어준다. 처음부터 세세하게 설명하는 것은 효율성이 떨어진다. 간단히 공유한 뒤, 모두가 이해했는지 체크하고 싶으면 궁금한 점이 없는지 질문해 보는 것도 좋다. 다시 말해, 정보 공유로 회의 시간을 잡아먹지 않는 것이 핵심이다. '모두가 의견을 내고 논의하는 것이 중요'하다는 것을 잊지 말자.

03 초반
전체에게 의견을 듣는다

—

당연한 이야기지만 회의에서 중요한 것은 의견의 양이다. 여기에 회의의 성패가 달려있다. 의견 있는 사람이 말하고 거기에 찬반을 결정하는 것이 아닌, 팀원 전원의 의견을 듣는 것이 중요하다. 촉진자는 바로 이 부분에서 능력을 발휘해야 한다.

우선은 누군가에게 첫 발언을 부탁해야 하는데 나는 주로 '올바른 말을 하는 설득력 있는 사람'이 아닌, 말투가 거칠더라도 '빈틈이 있을 것 같은 사람'에게 부탁하는 편이다. 이 빈틈을 누군가 파고들면서 분위기가 고조되고, 빈틈 있는 의견으로 회의를 시작하게 되면 사람들은 '아, 내 의견이 그렇게 쓸모없지는 않구나'라고 생각하게 된다. 꼭 그렇게 해야 하는 것은 아니지만, 팀원들이 부담 없이 회의에 임할 수 있도록 할 수 있는 모든 것을 하자.

의견을 들을 때는 결론과 근거가 중요하다. 그렇기에 근거를 뒷받침하는 사실적 정보와 사례들은 우선 뒤로 미뤄 놓자. 피라미드 구조에서는 결론과 근거가 중요하고 정보와 사례는 그 정당성을 부여하기 위한 것이므로, 우선은 결론과 근거를 기억해 두는 것이 좋다.

그 다음으로는 의견이 비슷한 사람의 발언을 계속해서 듣는 게 좋다. "이와 같으니 이 의견에 찬성하는 분은 말씀해주세요"라고 하면서 비슷한 주장을 모아 본다. 애매한 부분은 촉진자가 질문을 통해 다듬어 가는데, "이런 의견이 꽤 되네요" 같이 맞장구도 친다. 집중해서 의견을 듣고 내용을 가감하면서 피라미드 구조에 필요한 내용들을 뽑아 최종적인 피라미드 구조를 위한 재료를 선별한다.

의견을 들을 때의 제스처는 1on1의 방식을 따른다. 촉진자는 발언자와 1on1 대화를 하는 것처럼 고개를 끄덕이기도 하고 맞장구를 치기도 하면서 이야기를 듣고 질문을 하면서 그 사람의 주장을 명확하게 한다. 아이스브레이크나 본인의 의견을 낸 이후에는 방관하기 어렵다. 내 주장을 사람들에게 납득시키고 동의를 구하려고 노력하기 때문이다. 이 방법은 모두가 의견을 내는 수평적인 논의 환경을 조성하기 위해서일 뿐 아니라, 멍하게 방관하는 사람이 없게 하는 효과도 있다. 무관심하게 있는 사람이 많을수록 의미 없는 회의가 되므로, 반드시 자기 주장을 갖고 참여하는 것이 중요한 원칙이다. 이 점을 확실하게 하지 않으면, '나는 의견을 내고 참여하는데 저 사람은 의견 없이 회의에 있네'라고 인식하게 돼 무임승차하는 사람이 늘어날 수 있다. 이는 회의의 수준을 떨어트리게 된다.

또한 다양한 주장을 듣기 위해서는 회의 중간에 말다툼이 안 생기게 하는 것이 중요하다. 따라서 다른 사람의 의견에 반대 의견을 낼 수는 있지만, 부정하거나 무시하지는 말아야 한다. 이는 팀원 모두가 나름의 주장을 할 수 있게 팀장뿐 아니라 팀원 전체가 지켜야 하는 부분이다.

물론 부족한 의견을 내는 사람도 있을 것이다. 하지만 자신의 주장을 만들어 왔다면 그것만으로도 '합격'이다. 회의에서 다른 사람의 의견을 듣고 비교하면서 자신의 주장을 가다듬게 하여 또 다른 기회를 주면 된다.

찬성이든 반대든 모두가 의견을 내게 하는 것은 '카멜레온'을 배제하는 데 도움이 된다. '카멜레온'은 논란이 있을 때 우세한 쪽에 서는 사람을 말하는데, 이는 그 사람 원래의 주장이 아니기에 의견으로서 의미가 없다. 다른 사람의 생각이 아닌 자신이 어떻게 생각하는지를 명확하게 하는 것, 즉 특정한 입장을 취하게 하는 것이 중요하다.

04 중반
건설적인 논의를 한다

 각자의 의견이 나온 뒤에는 이 의견을 '재료' 삼아 요리해 가는데, 이것이 바로 논의다. 논의는 **피라미드구조를 다듬어가는 과정**이라고 생각하면 된다. 찬반을 결정하는 회의에서는 찬성과 반대 의견에 대한 각각의 주장이 있고 그 재료(피라미드 구조를 만들기 위한 요소)가 많을수록 좋다. 찬반에 대해 생각해 오라고 해도 쉽게 결정하지 못하는 사람들이 분명 있다. 그럴 때 사소하더라도 의견이 있다면 그 의견도 받아 둔다. 이는 기타의견으로 분류될 수 있는데, 이 또한 필요할 수 있으므로 우선 받아 둔다.

 간단히 말하면 찬성의 주장과 근거에 따른 피라미드를 만들고, 반대 주장과 근거에 따라 피라미드를 만들어 이 둘을 경쟁하게 한다. 이를 통해 결론에 이를 수 있다. 계속해서 의견을 들으며 누군가의 피라미드를 기반으로 또 다른 누군가의 의견을 더해 가면서, 의견을 수정할지 혹은 여러 가지를 조합해서 새로운 피라미드를 만들지에 대해 모두의 의견을 반영하여 찬성과 반대 2개의 피라미드를 만드는 것이다.

정리를 하면서 추가 발언이나 동의 여부에 대한 발언을 적절히 재촉한다. 그러고 나서 2개의 피라미드가 완성되면, 각각의 피라미드를 다시 한번 되짚는다. 논의를 할 때는 아무래도 목소리 큰 사람이나 윗사람 말에 묻히기 쉽다. 그렇기에 그런 사람들에게는 발언 당시에 미리 "당신의 의견은 매우 중요하지만 이번에는 다른 사람의 의견을 조금 더 들어볼게요"라고 말하는 것도 방법이다. 이런 사람들의 의견이 지배적인 상황이라면 촉진자가 이들을 상대하기도 한다.

해당 의견에 반대 의견을 갖더라도 팀원 모두가 있는 상황에서 거부하는 것은 어려울 수 있고, 의견을 모두에게 받는 것도 중요하지만 상황에 따라서는 거부해야 하는 경우가 반드시 생긴다. 이런 경우 촉진자가 대변자로서 여러 가지 의견에 대해 말을 하며 여론을 중화하는 것이 필요하다. 이런 중재도 팀장의 몫이다.

그림 3-3 2가지 주장을 정리하여 논의한다

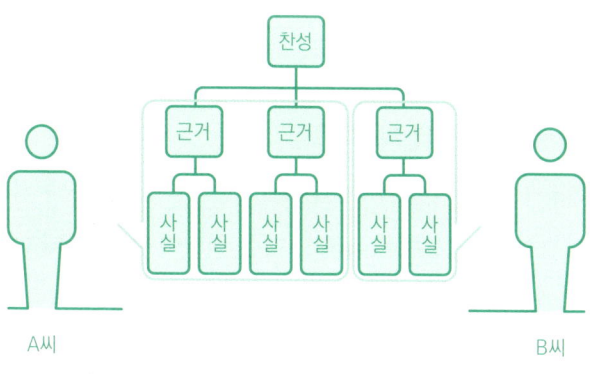

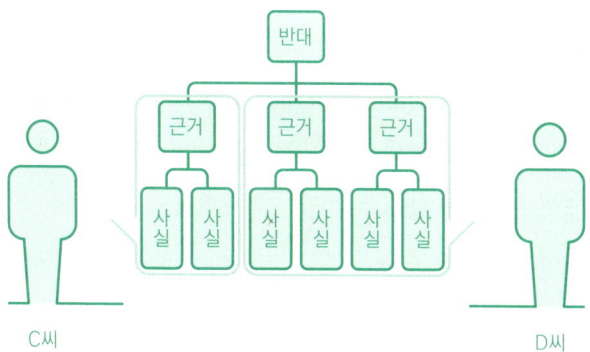

05 후반
결론을 내다

회의 후에는 반드시 결론의 피라미드가 나와야 한다. 모두 함께 하나의 피라미드를 만드는 것이다. 리더가 결론을 내는 것이 아니라 지금껏 나온 의견에 대해 모두의 의견을 묻고 '결론을 위한 합의'를 이끌어 낸다. 이때 다른 관점이 나온다면 한편에 적어 둔다.

의견이 모두 나오고 나면 어느 정도 결론이 보이는 경우가 있다. 이럴 경우에는 우선 잠시 멈춘 뒤 "지금까지의 의견을 참고해서 각자 결론을 생각해 봅시다"하고 다시 한번 의견을 묻는다. 다수의 의견이 형성되었다면 소수의견을 냈던 사람들에게 어떤 점을 보완하면 이 의견(다수의 의견)에 동의가 가능할지를 묻고 소수파의 의견에서 가져가야 할 요소는 없는지 확실하게 짚어두자. 의견이 잘 정리되지 않을 때는 어떻게 접근하면 좋을지에 대해서도 의견을 물어, 각자가 주체적으로 참여할 수 있게 하는 것이 촉진자의 역할이다.

최종적인 결정은 어떻게 해야 할까? 다수결로 정할지, 팀장이 판단할지, 혹은 결론이 날 때까지 계속 논의할지 등의 방법에 대해서는 참가자의 의견을 듣는다. 결정을 미루는 행동은 가능하면 하지 않는다. 결정을 미루고 시간을 벌어 봤자 현실도피가 될 뿐이다. 결론이 나지 않으면 잠깐의 휴식을 취한 후 다음날 다시 회의를 진행해도 괜찮다. 이때 촉진자는 의견이 많이 나올 수 있게 분위기를 조성한다. 많은 사람들이 의견을 말할 수 있는 분위기면 충분하다. 그러고 나서 팀원들이 귀찮아서 대충 결정하지 않도록, 전원이 납득할 수 있을 때까지 대화하는 것을 목표로 하여 최종적인 결론을 모아간다.

와카신 유준(프로듀서, 게이오 대학 특임부교수)이라는 친구는 참가자가 100명도 넘는 팀에서 논의한 적이 있었다. 정말 의견이 제각각이어서 정리가 어려웠지만, 와카신 씨는 계속 이야기하기를 원했다. "그냥 와카신 씨가 결정해요"라는 의견이 있었지만 그는 마지막까지 회의를 진행했다고 한다. 이런 과정을 통해 결국 대립하던 여러 부분들이 해결되고 매듭 지어졌다고 한다. 물론 이렇게까지 했음에도 불구하고 타협해야 하는 부분도 있었지만, 대화를 통해 끝내 납득하는 이것이 민주주의의 본질이라고 생각했다고 한다. 민주주의는 다수결이 전부가 아니다. 다수결은 최후의 수단일 뿐, 중요한 것은 쉽게 결론 내리지 말고 치열하게 대화하는 것이다.

초반에 의견이 대립하는 것은 당연한 것이고 계속 이야기하다 보면 의견이 좁혀질 것이라 믿고 치열하게 의논하자. 그러다 보면 서로의 주장을 이해하게 되므로, 넓게 보면 팀으로서 '올바른' 방향으로 나아가게 된다. 이러한 논의를 계속할 수 있게 하는 것이 촉진자의 역할이다. 이렇게 되면 굳이 팀장이 판단하지 않아도 시간이 허락하는 한 참가자 전원이 의사를 표현하게 된다. 유사시에는 '나를 따르라'처럼 판단하고 이끄는 것이 중요하지만, 평상시라면 '당신 먼저'의 자세로 '다 함께 결정하기'를 존중하자. 팀원들도 자신들이 결정한 부분에 대해서는 따르기 쉽다.

어떤 때는 어느 정도 결론이 보이면 '결론을 냅시다'

하고 최종 결론을 내리는 쪽으로 방향을 몰고 가기도 한다. 결론의 피라미드 구조를 납득하지 못하는 사람에게 "이 방향은 어떻습니까? 거슬리는 부분이 있을까요?"라고 의견을 묻고 납득할 수 있게 논의하면서 결론을 내리는 것이다. 사람은 본인이 허용하고 나면 일관성에 따라 그 이후의 일들도 쉽게 허용한다.

마지막에는 회의의 내용을 모두에게 공유하고 이를 수락받는 것으로 끝낸다. 이때 마지막 한방으로 촉진자인 팀장의 힘이 필요한 경우도 있다. 중요한 것은 결론을 내는 것만이 아니라, 결론이 난 후 모두가 따르는 것이다. 100% 납득이 안 되더라도, '일단 다같이 결정한 부분이니 잘 따라보자'라는 마음을 팀원 모두가 갖는 것이 중요하다.

지금까지 '회의'에 대한 이야기를 했다. 좋은 회의에 필요한 것은 계속 말한 것처럼 수평적인 분위기를 형성하는 것이다. 지위가 높다고 해서 대단한 사람도 아니고 그저 관리하는 역할을 지니고 있을 뿐이다. 그러므로 회의에서는 모두가 평등하게 1on1 대화와 같이 많은 이야기를 하고 최종적으로 참가자 전원의 공통된 결론을 만들어 간다.

3장의 POINT

✦ 회의에서는 모두가 수평적인 자세로 논의할 수 있게 촉진자의 역할만 하자.
  ① 사전에 준비할 수 있게 이슈를 공유한다
  ② 아이스 브레이크 시간을 갖는다
  ③ 팀원 전체에게 본인의 의견에 대한 '결론'과 '근거'를 묻는다
  ④ 피라미드 구조를 구성한다
  ⑤ 의논 후 전원이 납득하는 결론을 낸다

4장

팀의 목표를 설정한다

4장
팀의 목표를 설정한다

목표가 있기에 나아갈 수 있다

팀은 목표를 공유하고 있기에 하나가 될 수 있다. 원하는 목표가 있기에 하나로 움직일 수 있다. '원 팀'이라는 말을 자주 사용하는데 이 말은 팀원이 사이가 좋아서 하나라는 게 아니라 공통의 목적, 공통의 목표를 위해 모여 있음을 의미한다. 이것이 바로 '원(one) 팀'이다.

크게는 회사나 사내 부서부터 TF같은 프로젝트까지 다 마찬가지다. 팀이 구성되면 달성할 목표를 정하고 팀원 모두가 알도록 공유해야 한다. 당연한 말 같아도 이 부분이 생각보다 잘 이뤄지지 않는다. 팀원 머리 속에 대략적인 내용이라도 들어 있다면 긍정적으로 볼 수 있지만, 애초에 목표가 공유되지 않는 팀도 있다. 이런 경우 구성원들이 제각기 움직이기 때문에 팀의 퍼포먼스가 좋기는 어렵다.

그럼 이제 팀의 목표를 명확하게 하고 그것을 팀원 개개인이 받아들이게 할 방법을 이야기하고자 한다.

미션과 비전을 정한다

우선 팀 내의 비전과 미션을 정해서 공유한다. 회사의 미션과 비전이 명확하더라도 그와 별개로 팀 차원에서 원하는 비전과 미션을 생각하고 공유하는 것이다.

미션은 팀에서 해내야 할 사명이나 역할, 즉 이 팀이 무엇을 위해 존재하는지를 말한다. 어떤 일을 할 때 설레고 무엇을 위해 열심히 할 수 있는지는 사람마다 다르다. '무엇을 위해'라는 것을 구체적으로 만들어 가자. 동기부여가 되는 일이 무엇인지 생각해 보면 된다.

비전은 미션을 수행할 때 나타나는 결과, 실현되어야

할 미래의 모습, 실현하고자 하는 모습이다. 비전은 목표의 또 다른 말이기도 하다. 많은 회사들이 '미션을 토대로 행동하고, 비전을 실현한다'라는 생각으로 '미션·비전'을 세트로 이야기하는 경우가 많다.

내가 속해 있는 Z홀딩스의 미션은 '세상을 업데이트한다UPDATE THE WORLD'이다. 풀어서는 '정보기술의 힘으로 모든 사람에게 무한한 가능성을!'이라고 되어 있다. 이것이 Z홀딩스의 사명이고 이를 위해 회사가 존재하고 있음을 선언한다. 이 미션을 수행한 결과로 실현되는 세계(비전)에서 '인류는 자유자재의 상태가 된다'. 정보기술의 힘으로 이전보다 자유롭고 다양하게 많은 것을 할 수 있는 세계를 실현하고 싶다는 것이다.

이것만으로도 그림이 그려지는 사람이 있는 반면, '무한의 가능성', '자유자재'란 과연 무엇인지 상상하기 어려운 사람도 있다. 그래서 다음과 같이 미션이나 비전을 해설해주는 안내문이 있다.

정보기술은 사람들의 가능성을 어디까지 해방시킬 수 있

을까?

그것은 우리가 탐구하는 영원한 주제입니다.

알고 싶은 내용에 바로 접근할 수 있습니다.

원하는 것을 언제든지 얻을 수 있습니다.

어떠한 미래를 상상하고 얼마나 새로운 상식을 만들어 낼 것인가?

우리는 변함없는 열정과 압도적인 기술력으로 미래를 개척하고, 사람들이 완전한 '자유자재'를 손에 넣는 세계를 실현합니다.

마지막으로 자신들은 이런 세계를 실현할 것이라고 선언하고 있다. 팀(여기서는 회사)은 미션을 위해 존재하고 비전을 실현하기 위해 행동한다. 그러므로 시작(미션)과 끝(비전)을 마련하여 공감하는 사람들이 모일수 있게 하는 것이다. 이것을 회사뿐만 아니라 모든 팀에 적용해 보자.

물론 눈빛만 봐도 통하는 사람들이 모여서 팀을 이루게 되면 미션이나 비전을 정할 필요가 없을 수도 있다.

하지만 팀은 살아있는 생물과 같다. 팀원은 시간이 지남에 따라 변하고, 새로 팀에 합류하는 사람은 이 팀이 무엇을 위해 존재하고 무엇을 실현하려고 하는지 누가 알려주지 않으면 모른다. 그러니 미션과 비전을 확실하게 해두자. 팀이란 공통의 목적을 달성하기 위해서 존재하기 때문이다.

이렇게 이야기를 들어도 팀의 사명이나 비전, 목표 등을 언어화하는 사람이 얼마나 될까? 의외로 대다수의 사람들은 '뭐 다들 잘 알고 있겠지?'라는 생각으로 언어화하지 않는다. 언어화하더라도 '손님이 왕', '무조건 해낸다' 등 뻔한 말들로 하지는 않는지, 미션이니 비전이니 하는 멋들어진 말은 자기가 하는 일과 별로 상관없다고 느끼는 사람들은 없는지 살펴보자. 미션이나 비전 같은 두루뭉술하면서도 있어 보이는 말에 거부감을 느끼는 사람이 있을 수 있다. 그러나 이것은 반드시 필요한 부분으로 지금부터는 그런 사람들을 위해 누구나 할 수 있는 미션과 비전을 만드는 방법을 설명하겠다.

팀 미션 - '우리는 무엇을 하고 무엇을 하지 않는가'

'우리는 고객에게 새로운 세계를 선사하는 존재다'처럼, 회사의 미션은 추상적인 표현이 되기 쉽다. 전체 직원들을 대상으로 하기 때문에 모든 의미를 담아내면서도 무난해야 하니 어느 정도는 추상적일 수밖에 없다.

하지만 팀의 미션은 좀 더 알기 쉽고 명확해야 한다. 자신들이 왜 존재하는지, 무엇을 하는 존재인지를 알게 되면 굳이 '미션 같은 표현'에 연연하지 않아도 된다. 우선 우리가 무엇을 할 것인지를 분명히 하자.

무엇을 할 것인가를 명확히 한다는 것은 '우리가 무엇

을 하지 않을 것인가'를 결정하는 것이기도 하다. '하지 않겠다'라는 것을 입 밖으로 내는 데는 굳은 각오가 필요하다. '하지 않는 것에 성공의 가능성이 있으면 어쩌지'라는 생각이 들 수도 있다. 그러나 모든 가능성을 염두에 두고 범위를 제한하지 않으면, 집중할 구심점을 잃게 되고 실제로 모든 걸 다 할 시간도 없다. 그렇기에 과감하게 '우리가 할 일, 하지 않을 일'을 정의해 보자. 예쁘게 다듬을 필요 없이 단순한 리스트라도 괜찮다. 이것을 하면 우리 팀의 미션이 더욱 명확해질 것이다.

- B2B를 메인으로 하는데 B2C는 할까? 하지 말까?
- 홈쇼핑을 하고 있는데 방문판매도 할까?
- 이 업종은 컨설팅을 하고 있는데 다른 업종은 어떻게 하지?
- 지금 적자지만 투자를 할까? 말까?

이것처럼 찾아보면 무한히 많다. '××는 한다, ○○는 하지 않는다'라고 꼼꼼하게 정리하다 보면 틀림없이 '미션'에 근접하게 된다. 무엇을 할지 결정하는 것은 쉽고 간단하지만 무엇을 하지 않을지 결정하는 것은 어렵다. 정말 하지 않아도 되는지에 대한 불안감이 있기 때문이다. 하지만 팀 내에서 이에 대해 논의하고 결정하는 과정을 거치다 보면 팀이 나아가야 할 방향성이 명확해진다.

정말로 하지 않아도 될까? 이런 고객은 거절하는 건가? 등 논의해야 사항은 무수히 많다. 리더의 일은 의사결정을 하는 것이다. 그렇기에 리더는 할 일을 결정함과 동시에 하지 않을 일도 결정한다. 그러나 리더라도 결정을 내리기는 어렵기 때문에 미션과 관련한 판단 기준을 정해놓고 그것을 바탕으로 세부적인 의사결정을 할 수 있도록 한다.

한가지 유의할 점은 결정된 팀의 미션과 이른바 '회사의 미션'이 다를 수도 있다는 것이다. 기본적으로 회사의 미션이 달라질 일은 없다. 하지만 팀이 정하는 '할 일과 하지 않을 일'은 달라질 수 있다. 팀의 역량이 늘어나거나 경험이 쌓이면서 '하지 않을 일'이 '할 일'로 변하기도 한다. 이럴 때는 그 일을 '할 일' 쪽으로 옮겨 둔다.

팀 미션은 언제라도 발전시킬 수 있으며 반드시 그렇게

해야 한다. 미션으로 의사결정 하는 것이 부담되는 사람은 이런 리스트 작성을 꼭 시도해 보길 권한다.

'비전 = 팀의 목표'를 어떻게 설정할 것인가

다음은 비전을 정하는 방법이다. 이는 바꿔 말하면 목표를 설정하는 방법에 대한 것이다. 만약 당신이 회사에서 한 조직의 리더라면 회사에서 정한 비전이나 회사가 정한 중기 계획 등을 공유받았을 것이다. 팀은 사내 조직이므로 그런 내용은 무시할 수 없다. 그러니 '회사의 목표'를 전제로 한다. 다만 회사에서 우리 팀을 생각하고 목표를 설정한 것은 아니므로, 광범위하고 추상적일 것이다. 회사의 목표와 더불어 우리 팀만의 목표 또한 생각해야 한다. 팀장 혼자가 아닌 팀원들과 함께 생각하여 결정하자. 이때 리더도 팀원의 한사람으로 수평적으로 논의하는 게 가장 좋다.

회사의 목표를 염두에 두고 우리 팀은 무엇을 목표로 할 것인지 생각하는 것이 중요하다. 회사의 목표를 무시하거나 그것과 전혀 일치하지 않는 것을 목표로 해서는 안된다. 회사가 목표로 하는 것에 맞추면서 우리가 특별히 목표로 해야 할 점이 무엇인지 함께 논의하고 언어화하자.

목표는 장기, 중기, 단기 3단계로 생각한다. 명확한 기간이 있는 것은 아니다. **장기목표는 비전이다. 일을 할 때 지향하는 북극성이다.** 비전은 팀 전원이 찬성하는 목표지만 조금 추상적이고 현재의 팀원으로 꼭 실현되는 것이 아니다. 북극성은 방향을 알려줄 뿐 북극성 자체에 도달하는 것이 아니기 때문이다. Z홀딩스의 비전인 '인류는 자유자재의 상태가 된다'처럼 이것을 지향점으로 삼지만 쉽게 실현되지는 않는다. 회사의 구성원(팀원)들이 모두 찬성하는 것을 장기목표로 생각한다.

장기목표를 정하고 그것을 목표로 하지만 구체적으로 어떤 목표를 향해 가야 할지 모르기 때문에, 확실히 달성하고 싶은 **중기목표**를 설정한다. 현재의 팀원으로 달성하고 싶다면 길게는 5년, 짧게는 3년안에 가능한 것으로 정하자. 이미지로 표현하면 **올라가야 할 '산'**이라고 할 수 있다. '이곳에 올라가면 북극성과 가까워지는구나' 하는 대략적인 감각을 지닐 수 있는 정도로 중기목표를 정하도록 하자.

마지막으로 **단기목표**가 있다. 우리는 북극성(장기목표)을 목표로, 올라가야 할 산(중기목표)을 등반한다. 이를 위해 어디서부터 접근하면 좋을지 밟아 나가는 스텝이 단기목표다. 이는 연간 계획에 가깝다. 산을 오르기 위한 **등산로**를 떠올리면 된다.

다음 스텝으로 반드시 연결되지는 않는 중기목표나 장기목표와 달리, 단기목표를 계속하여 실현하면서 차근차근 단계를 밟으면 중기목표에 도달하게 끔 명확하게 연결되는 게 좋다.

목표를 정할 때는 아래의 3가지를 반드시 유념하자

- 북극성은 어디인가? (장기목표)
- 올라가야 할 산은 어디인가? (중기목표)

- 먼저 올라야 할 등산로는 어디인가? (단기목표)

그림 4-1 3단계를 기준으로 목표를 설정한다

Z홀딩스 산하의 Z아카데미를 생각하며 목표를 설정하면 다음과 같다.
- 장기목표: Z홀딩스에서 일하는 모두가 활기차게 일할 수 있게 하자
- 중기목표: 전 사원이 Z아카데미를 알고, 1년에 한번은 참가하게 한다
- 단기목표: 지금보다 세션을 3배로 늘린다

이처럼 3단계로 목표를 설정하면 팀원들과 공유하기도 쉬워진다.

정성적(질적) 목표와 정량적(양적) 목표를 일치시킨다

목표에는 정성적 목표뿐 아니라 수치적 목표인 정량적 목표도 있다. 보통 상부의 지시에 의하여 팀에 부여된 할당량 같은 느낌이 강할 것이다. 그리고 대부분은 여기에 반대하기 힘들다. 비전(정성적인 목표)을 정해도 정량적 목표가 전혀 다른 내용이라면 비전을 '뜬구름 잡는 소리'라고 생각하게 돼서 비전이 흐릿해지게 된다.

수평적 팀에서 성과를 내려면 팀에서 정한 정성적 목표와 정량적 목표가 일치하는 것이 중요하다. 그러니 정성적 목표에 맞춰 달성 가능한 정량적 목표를 설정한다.

현실적으로 쉽지 않지만 다음의 2가지를 생각해 보자.

정성적 목표를 행동으로 보여줄 때 숫자의 논리를 생각하라

예를 들어 정성적 목표가 '고객을 세분화하여 한정된 고객에게 최상의 서비스를 제공한다'라면 이 부분을 숫자로 표현해 보는 것이다.

- 고객 범위를 얼마나 줄여야 할까? ⇨ 매출 상위 50%로 한정하자
- 최상의 서비스? ⇨ 우선은 기존에 제공하던 컨설팅을 2배로 늘리자

반으로 줄어든 고객의 매상이 어느 정도일지, 컨설팅 횟수를 2배로 늘리는 것이 매상에 어떻게 이어질지에 대한 **시나리오를** 만들고 **매상 목표와 연결**한다. 당연히 시나리오대로 되지는 않는다. 여기서 중요한 것은 정성 목표를 정량목표로 연결시키려는 시도다. 고객을 반으로 줄이고 횟수를 2배로 늘리는 것에 대한 논리를 갖추

고 결정하면, 결과가 나온 뒤에 어떤 부분이 예상대로 됐거나 안됐는지 되돌아볼 수 있다. 그러니 제대로 실행해 보자

논리로 해결되지 않는 부분을 어떻게 할지 생각하라

정성적 목표와 정량적 목표를 잘 연결한다고 해도 논리만으로는 실현되지 않는 '노력목표'같은 수치가 생긴다. 여유롭게 달성 가능한 수치가 아닌 공격적인 수치를 목표로 잡기 때문에, 팀에서 예상하는 목표치와 차이가 발생한다. 여기서 발생한 차이를 그대로 두어서는 안 된다. 그렇다고 부족한 부분을 인원수대로 나누어 분배하는 것도 안 된다. '좀 더 힘 냅시다' 같은 방식은 관리가 제대로 안 되는 것이다.

그럼 어떻게 해야 할까? 팀에서 생각해 봐야 하겠지만 그 '차이'를 메우는 것이 팀장의 일이다. 팀장이 해당 수치를 본인의 목표로 삼으라는 이야기가 아니고 그 차이를 메우기 위한 새로운 시도를 하거나 장치를 만들어 실

행하라는 것이다.

  지금까지 해오던 대로 착실하게 일해도 회사가 목표로 하는 것과 수치적 차이가 발생한다. 조직이라면 늘 일어나는 일이다. 그러니 그 차이를 인식하고 이를 메우기 위해 '노력한다'가 아닌 실질적인 장치나 구조를 만들어서 팀에 적용해 보자. 이것은 또다른 도전이 된다.

  정성적 목표와 정량적 목표를 별개로 생각하지 않고 2개를 하나로 만드는 것이다. '하고 싶다고 해서 다 되는 것인가?'라는 회의적인 생각이 들 수도 있다. 하지만 중요한 것은 차이를 메워 나가는 도전 자체다.

  팀의 미션, 목표(정성, 정량)를 생각하며 행동하자. 그리고 그 과정을 최대한 팀원 모두와 논의하며 결정하자. 팀장 혼자가 아닌 다같이 고민하고, 다같이 공유하자. 좀 돌아간다고 느낄 수 있지만, 이렇게 해서 끈끈한 팀이 되어가는 것이다.

4장의 POINT

♦ 팀 미션은 '팀에서 하는 것과 하지 않는 것'을 정하는 것이다. 겉치레에 신경 쓰지 말자.
♦ 팀의 비전은 목표와 같다. 3가지 단계 '목표로 해야 할 북극성(장기목표), 올라야 할 산(중기목표), 올라가기 시작할 등산로(단기목표)'에 따라 비전을 정하자.
♦ 팀의 비전(정성적 목표)과 정량적 목표를 일치시키자. 이를 위한 구조나 장치를 만드는 것은 새로운 도전이 된다.

5장

다양한 조직으로 구성된 '수평적 팀'을 만드는 방법

5장
다양한 조직으로 구성된
수평적 팀을 만드는 방법

새롭게 구성된 조직을 '팀'으로 만든다

지금까지 기존의 조직을 수평적 문화로 만들기 위한 방법에 대해 이야기했다. 팀에는 여러 형태가 있는데 원래부터 있던 조직도 있고 새로 시작하는 경우도 있다. 아예 처음부터 팀을 꾸리기 위해 한사람 한사람을 모을 때 참고할 만한 영상이 있다. 디스커버리 채널에서 공개한 동영상 '억만장자 파헤치기'다(https://youtube.com/playlist?list=PL3rIS11BcoYhP-lWDEGXK3hLVPzLZqm-MR&si=jfpDbyOSev0wPazQ). 성공한 사업가인 33세의 미국인 기업가 글렌이 자신의 존재를 숨기고 낯선 곳에서 100달러의 자금으로 90일간 100만 달러 규모의 비즈니스(현재도 존재한다)를 시작하는 내용이다. 시작은 혼자서 하지만 사업을 하기 위해서는 동료가 필요하다. 그래서 1on1 대화를 통해 동료를 만들어 간다. 팀원들을 칭찬하고 때로는 질타하며 당근과 채찍으로 팀을 꾸려 나간다.

여기서 배울 점은 늘 팀원의 생각을 듣고, 팀의 목표를 잊지 않고 상기하며 팀원의 개성을 살리는 주인공 글렌의 자세다. 글렌은 어떤 상황이 생길 때마다 팀 미팅을 하는데, 팀 전체의 결정이나 리더로서 자신의 결정을 팀원들에게 전달하기 위해서다. 팀원들의 재능과 열정을 고취할 때는 전체 회의가 아닌 1on1로 이야기한다. 생각해 보면 당연한 이야기다. 팀원들은 개성이 다 다르고, 팀에 합류한 목적도 배경도, 갖고 있는 기술도 모두 다르다. 어떤 것에 열정을 느끼는지도 다르다. 그렇기에 1on1로 이야기하는 것이 최적의 방법이다. 그러나 지금 팀이 어떤 상태에 있고 지체되는 상황을 타개하기 위해 무엇을 해야 하는지 등 팀이 어떻게 행동할지에 대해서는 팀 미팅에서 이야기한다. 이것이 팀 만들기의 기본이다.

덧붙이자면 이 동영상은 팀 만들기 방법뿐만 아니라 실제로 비즈니스하는 내용도 흥미롭고 재미있다. 또한 교훈도 얻을 수 있으니 꼭 보기를 추천한다. 이 '백만장자 파헤치기'처럼 한사람 한사람을 모아 팀으로 만들어 가는 '스타트업'도 있는가 하면, 기존 조직에 소속된 상태에서 여러 가지 이유로 다양한 조직에서 프로젝트를 구성하는 경우도 있다. 이렇게 '다양한 부서를 통해 조직되는 프로젝트, 즉 TF'는 까다롭다. 또 조직 수준이 아니라 회사 간의 프로젝트 역시 애초에 공유하고 있는 가치관이 다르기 때문에 더욱 까다롭다.

이번 장에서는 이 '까다로운 다조직 프로젝트'를 팀으로 만들기 위해서 어떻게 하면 좋을지 생각해 보자.

TF 운영이 까다로운 3가지 이유

나는 지금까지 수많은 TF 단위의 프로젝트를 경험했다. 부서 간 TF도 있고 회사 간 TF도 있다. 최근에는 팀 업무보다 프로젝트가 많다. 혁신적인 것을 만들기 위해서는 기존 조직에 얽매이지 않은, 기존에는 존재하지 않던 팀에 대한 필요성이 생긴다. 그래서 TF가 생기는 것이다. 사내 신규사업 프로젝트, 사업 통합 프로젝트, 그리고 회사 간 합병 후 통합 프로젝트 등 부서나 회사를 초월하는 프로젝트는 얼마든지 존재한다.

그리 큰 규모가 아니더라도 행사를 기획 및 실행하는

프로젝트, 업무를 개선하는 프로젝트, 스터디 그룹 출범 프로젝트 등 소소한 내용으로 만들어지는 프로젝트도 많다. '다조직 프로젝트'가 까다롭게 여겨지는 이유는 무엇일까? 그 원인은 크게 3가지다.

원인 1 권한과 책임이 분명하지 않다.

첫 번째 원인은 기존 조직이 아니기 때문에 지휘명령 체계, 즉 권한과 책임이 분명치 않다는 점이다. 기존 조직에서는 상사가 존재하고 그 상사는 또 그 윗 상사의 관리를 받는다. 사장을 정점으로 하는 계층적 구조라면 지시는 어떤 라인으로 전달되고 보고는 어디로 할 것인지에 대해 조직도 상에 명확히 규정돼 있다. 그 리더의 책임과 권한 또한 조직 내에 규정돼 있다(물론 회사마다의 차이는 있다).

하지만 '다조직 프로젝트'에서는 그렇지 않다. 목적을 위해 팀원을 뽑고 팀이 구성되기 때문에, 책임과 권한을 제대로 규정하자고 느긋하게 논의할 여유 없이 당장 뛰어 들어야 하는 경우가 대부분이다. 그렇다 보니 리더의 권한이 명확하지 않은 경우가 대부분이다. 이전에는 없던 새로운 일을 하기 위해 만든 임시 프로젝트이므로 리더가 임명되더라도 그 리더에게 막강한 권한을 주기 어렵다. 표면적으로는 'TF가 소속된 관리자에게 보고한다'라고 되어 있어도, 그 관리자에게도 새로운 영역이기에 기존의 경우처럼 제대로 수행하지 못하는 경우가 많다.

하지만 책임은 명확하다. 할 일이 정해져 있고 그것을 실현하는 것이 목표이자 책임이다. 이 부분은 분명하다. 그래서 TF의 리더는 목표 달성을 위한 권한을 요청하게 되지만, 항상 그렇듯 프로젝트의 목적과 책임은 명확하지만 의사결정이나 예산을 사용할 권한이 처음부터 주어지는 경우는 많이 없다. 프로젝트가 어느정도 진척되어 결과를 내면 그제서야 따라올 때가 많다.

TF의 리더를 맡은 사람은 목표 달성에 대한 책임이 있기 때문에 그에 맞는 권한을 원하지만, 평가하는 측에서는 결과가 불확실한 도전인 데다가 진행 상황이 어떻게 될지 기존 조직과의 관계는 어떻게 될지 모르는 상황에서 권한을 부여하기란 어렵다. 현실의 프로젝트는 대부분 그렇게 돼 있다.

원인 2 평소에 만나지 않는 멤버들이 모인다

두 번째 원인은 '일상을 함께하지 않는 멤버'들이 모이는 것이다. 기존 팀은 매일 만나는 경우가 대부분이다(대면으로 일하는 경우). 각자 다른 부서에 흩어져 있어 좀처럼 만날 기회가 없더라도 같은 조직에 속해 있으면 전체 회의나 1on1 대화에서 만나는 일이 생긴다. 그래서 그 조직 안에서 무언가를 하게 되면 '같은 팀이라 잘 아는 ○○씨'와 일하는 것이다.

그런데 프로젝트 팀을 만들면 그 사람을 아는지 모르는지는 차치하고, 일상의 접점이 없는 사람들과 모이는 경우가 대부분이다. 그렇게 모여 새로운 무언가를 만드는 것이다. 멤버들끼리 어딘가 서먹한 부분도 있을 것이다. 각자의 배경을 잘 모르는 채 목적을 위해 모여 있기 때문이다. 그리고 프로젝트의 성격에 따라서는 해당 프로젝트에만 집중하는 것이 아니라 미팅 시간이 끝나면 원래의 부서로 돌아가기도 한다. 회사를 초월하는 프로젝트 멤버들은 그야말로 회사가 아닌 곳에서는 만날 일도 없고 프로젝트 회의때만 만난다. 이런 상황에서 한 팀으로 목적을 향해 움직여야 하는 것이다.

원인 3 원래 소속된 조직과의 이해관계

세 번째 원인은, 프로젝트의 조직 구성 요소에 따라 편차가 있겠지만 때로는 기존 조직의 업무를 동시에 해야 할 경우 기존 조직의 이해를 구해야 하는 경우가 있다. 프로젝트를 하면서 본래의 조직만을 우선시하려고 하면 '당신은 대체 이 프로젝트에서 뭘 하는 거죠?'라고 묻고 싶어진다. 따져 보면 프로젝트의 성공을 위해서 배정된 게 아니라 자조직을 보호하기 위해 참여한 경우도 많다. 이런 사람은 프로젝트 멤버가 아닌 원래 소속된 조직에서 보낸 스파이이기도 하다. 과장되게 들릴지 모르지만 이 말을 듣고 '아, 확실히 그럴지도……'라고 생각하는 사람도 많을 것이다.

이처럼 '까다로운' 다조직 프로젝트를 어떻게 관리하면 좋을지, 어떻게 하면 잘 운영되는 팀이 될지 함께 생각해 보자.

무엇보다 팀이 되는 것이 중요

 다조직 프로젝트는 결성한다고 바로 '팀'이 되지 않는다. 그렇기에 일단 팀 만들기에 주력하자.

 팀이란 무엇일까? 공통의 목적을 향해 나아가는 집단이다. 공통의 목적이 있다는 것을 모두 인식하고 이를 달성하기 위해 서로 협력한다. 리더와 멤버뿐 아니라 멤버들 간에도 서로를 인정하고 이해하고 협력하는 체제가 바람직하다. 공통의 목적을 달성하기 위해 서로 협력하는 편이 좋다. 모두가 사이좋을 수는 없지만 협력하는 것은 중요하다.

우선은 모두가 공통의 목적을 인식해야 한다. 즉, **프로젝트의 목적을 명확히 하는 것이 첫 번째다.** 이때 무엇보다 신경 써야 하는 부분이 '세 번째 원인'이었던 '원래 조직의 이익을 챙긴다'이다. 이는 특히 회사 간 협업 프로젝트에서 흔하다.

미팅 시간에 원 조직의 이익만을 주장하는 것도 경계해야 하지만 "가져가서 검토해 볼게요"라며 결론없이 가져간 뒤 다음 미팅에서 "논의해 봤는데 찬성할 수 없다는 결론이 났어요"라고 하는 것도 신경 써야 한다. 이런 경우 프로젝트 진행에 방해가 되기 때문에 어떻게든 해당 멤버를 '이쪽 사람'으로 만들어야 한다.

물론 기존 조직과 이해가 대립하는 부분도 있을 수 있다. 해당 멤버의 입장에서는 소속된 조직의 입장을 무시하고 진행할 수는 없다. 그렇다면 어떻게 해야 할까? 내 경험상 가장 효과적인 방법은 해당 멤버들의 리더보다 더 그들과 친해지는 것이다. 쉽게 말해 해당 멤버가 기존 조직의 이해를 우선하는 이유가 프로젝트 팀보다 기존 조직에 대한 마음이 더 크기 때문이니 이 마음의 추가 프로젝트 팀으로 기울게 하면 된다. 우선은 친해져야 한다. 친해지기 위해 대화를 많이 하자. 그리고 가능하다면 해당 조직이 갖고 있는 문제 등도 알아내서 해결책을 함께 찾아보자. 그러기 위해 할 수 있는 모든 것을 하자. 이것은 상설 팀이든 프로젝트 팀이든 리더라면 가져야 할 숙명이다. 그렇게까지 파고드는 리더가 있는 프로젝트는 진척이 될 수밖에 없다. 자기 조직의 이해관계만을 생각하는 프로젝트는 진행되지 않는다. 이러한 '기싸움'을 깨 버리기 위해 일단 새 멤버와 친해지도록 하자.

물론 말이 쉽지 실제로는 어려운 일이라는 걸 안다. 그러나 가만히 있으면 아무것도 안 되니 뭐라도 하는 것이다. 사담을 자주 나눠도 좋고 미팅이 끝난 후 술을 마시러 가는 등 대화를 많이 하고 속에 있는 이야기를 끄집어 내고 그에 대한 해결책을 같이 찾아본다. 이렇게 '동료로 끌어 들이기' 위한 노력은 필수요소다.

기존 조직의 이해관계를 무시하게 만들겠다는 것이 아니다. 이 프로젝트를 달성하기 위해 대립하지 않고 오히려 기존 조직의 의견이나 이해를 드러내서 함께 해결하자는 생각이 들게 하는 것은 가능할 것이다. 이를 위해서 그 멤버에게 어쩌면 두루뭉술하게 '기존 조직의 이익을 생각하면서 프로젝트의 목표도 함께 달성해 보자'라고 이야기해야 할 것이다.

리더는 이러한 밑작업을 한 후 프로젝트의 목표를 명확히 하여 멤버와 공유한다. 이때 여타 조직을 이끌 때보다 더 세심하게 주의해야 할 것이 바로 이 목표에 대한 멤버 개개인의 다짐을 이끌어 내는 것이다. **프로젝트 팀은 멤버 전체가 목표를 확실히 인식한 후 행동하지 않으면 목표 달성이 어렵다.** 일반적인 조직에서는 일상적인 업무가 있기 때문에 확실하게 인식하지 않더라도 루틴 업무를 하게 돼서 '성과 제로'인 경우가 없다. 기본 업무는 하고 있는 것이다.

그러나 프로젝트는 별개다. 극단적으로 말하면 결과를 점검하지 않으면 진행이 안 된다. **달성 혹은 제로로 나뉜다.** 그렇기 때문에 목표에 대한 의식이나 다짐이 필요하다. 기존 조직의 이해를 대변하기 위해 보낸 스파이들을 같은 편으로 끌어 들이면서 '뒤에서 딴말 하지 않기'도 시도한다. 겉으로는 '오케이~'라고 하면서 뒤에서 불평이나 욕하는 멤버는 어디에나 존재한다. 이것을 못 하게 하는 방법이 필요하다. 앞뒤가 다른 것을 제대로 잡지 못하면 프로젝트는 올바른 방향으로 진행될 수 없다. 그럼 어떻게 해야 할까? 다음을 보자.

촉박한 프로젝트일수록
하루 5분의 1on1이 필요

나는 프로젝트 리더들을 상담할 때 "저뿐만 아니라 모든 사람들이 너무 바빠서 도저히 1on1을 할 수가 없는데 그래도 하는 게 좋을까요?"라는 질문을 정말 많이 듣는다. 그럴 때 나는 "프로젝트 팀이기 때문에 꼭 해야 합니다"라고 대답한다. 날마다 함께 일하는 일반적인 조직에서는 찰떡궁합 같은 관계도 있지만, 프로젝트 팀에서는 앞서 말한 것처럼 서로 관계성이 없는 경우가 대부분이다. 딱히 업무적 연결도 없다.

프로젝트 팀의 리더는 기존 팀에서보다 더 1on1 대화를 통한 관계 구축이나 멤버 각자가 갖고 있는 과제를 해결하는 역할이 더 중요하다. 프로젝트에서도 심리적 안정성은 중요하다. 모든 것이 다 다른 사람들이 모여 있으니 오히려 '하고 싶은 말은 언제든 들어준다'는 관계를 목표로 하자. 서로 관계가 형성되었다면 팀에서 느끼는 불안감, 기존 조직과 프로젝트팀 사이에서의 딜레마 등을 리더가 들어주자. 물론 리더가 모든 문제를 해결할 수 있는 것은 아니지만 그 멤버와 가까워질 수는 있다.

하고 싶은 말을 못하고 참게 되면 마음에 남게 되고, 이 부분이 해결되지 않은 채 혼자 유추하고 추측하다 보면 상황이 악화된다. 그러니 마음에만 담지 말고 입밖으로 내뱉게 하자. '환기'라는 말이 있다 직장에서 쌓인 가스를 푸넘처럼 내뱉는 것이다. 쌓이기 전에 자꾸 내뱉는 게 좋다. 여하튼 '어떤 생각도 말할 수 있다', '말하고 싶은 것은 서로에게 말하자'는 환경의 중요성은 프로젝트에서도 동일하다.

앞서 2장에서도 말했지만 진행 상황을 보고하는 회의에서 몰랐던 멤버의 상황을 1on1 대화에서 알 수 있게 노력하자. 전체 회의에서는 "예정대로 진행되고 있습니다"라고 말하지만, 사실은 '앗! 큰일이다. 이거 간당간당한데 어쩌지……그래도 일단 지금은 괜찮다고 하자'라고 얼버무리는 경우도 종종 있다. 세상에는 정직하게 보고하는 사람만 있는 게 아니라는 사실을 기억해야 한다. 그리고 리더의 기대이상으로 일을 해내는 사람은 생각보다 적다. 발등에 불이 떨어졌어도 눈에 보이지 않는 상황이라면 '어떻게든 되겠지' 라는 생각으로 "문제 없습니다"라고 대답하기 마련이다. 특히 모두가 모여있는 진지한 회의시간이라면 솔직하게 말하기 어렵다.

그러니까 1on1로 실제 상황을 파악하고 지연될 것 같은 부분은 빨리 손쓰자. "왜 늦어진 거야!!"라고 질책해봤자 아무것도 달라지지 않는다. 나도 옛날에는 그런 말을 내뱉고는 했는데 그건 내 책임 회피일 뿐이다. 지연되는 데는 이유가 있을 것이다. 그 요인을 찾고 해결해 나가는 것이 리더의 책임이다. 구체적인 문제가 있으면 그 부분을 해결해 주고, 지원이 필요하면 해 준다. 멤버의 부담이 가중된 상황이라면 이를 경감하는 방법도 생각하자.

　기본적인 의사소통은 일반적인 팀에서와 같다. 다만 프로젝트에서는 '3개월 한정', '우선은 1년' 같은 시간 제약이 있는 경우가 많으므로 그 상황에 맞는 접근이 필요하다. 팀에서 '긴급상황에는 나를 따르라, 평상시에는 당신 먼저'인 것은 프로젝트에서도 동일하다. 해당 프로젝트가 긴급상황인지 평상시인지에 대한 판단은 상황에 따라 달라진다. 신규사업 개발 프로젝트 등 명확한 기간이 정해지지 않은 프로젝트는 평상시로 볼 수 있다. '내년 4월까지 완성'이라고 발표해 버려서 그때까지 완성해야 하는 시간 제약이 있는 프로젝트는 '긴급상황'이라고 볼 수 있다. 이럴 때는 망설이지 말고 리더가 조언이나 지원을 해도 좋다. 앞으로 나아가야 한다.

　시간 제약에 따라 1on1 대화의 시간과 빈도를 바꾸는 것도 좋다. '평상시'라면 일반적 업무일 때와 같이 1on1을 매주나 격주로 1회 30분 정도로 천천히 대화한다. '긴급상황'에는 리더와 멤버 모두 시간에 쫓긴다. 이럴 때는 빈도를 줄이고 싶어지는데 오히려 빈도를 높이고 시간은 짧게 가져간다. 예를 들면 매일 5분씩 하거나, 월요일은 전체회의 때 이야기를 듣고 화요일부터 금요일까지는 매일 5분씩 이야기하는 식으로 매일 진행하면, 일주일에 25분이고 4일이면 20분이다. 일주일에 한 번씩 30분짜리 1on1 대화를 진행한 것과 소요된 시간은 비슷하지만 **프로젝트에서는 매일 조금씩이라도 서로 얼굴 보는 효과를 무시할 수 없다.** 매일 이야기하다 보면 사소한 표정과 언어의 변화로 멤버들의 상황을 짐작할 수 있다. 그렇기에 '아, 위험한데……'라는 생각이 들면 따로 시간을 내서 천천히 묻는다. 10명으로 진행하는 프로젝트라면 리더가 사용하는 시간은 멤버 1인당 5분씩 총 50분이다. 멤버 입장에서는 하루에 5분 만들기는 쉽고 리더는 프로젝트의 진행 상황을 몸소 느낄 수 있기에 그 정도의 시간은 할애하는 게 좋다.

프로젝트 진행에 기술적인 문제가 있을지도 모른다. 또는 일반적 업무와 병행하느라 과도한 부담을 지고 있을지도 모른다. 팀 내 인간관계가 나쁠 수도 있고 무언가 개인적인 문제가 있을지도 모른다. 리더는 멤버들이 그런 것들을 말할 수 있게 하고 이를 공유하고 상황에 따라서는 지원해 준다. 언제든 '백업' 가능하다는 분위기를 통해 멤버가 불안감 없이 마음껏 프로젝트에 집중할 수 있는 환경을 조성하는 것이다.

멤버들끼리도 시간이 허락하는 한 1on1 대화를 장려하는 것이 좋다. 인간관계가 나름대로 있는 멤버들끼리는 알아서 이야기하도록 하고 이게 어려운 경우에는 초반만이라도 리더가 개입해서 1on1+1(리더)의 형태로 3명이서 미팅을 진행하는 것도 방법이다.

내 경험을 보면 멤버들 간의 관계가 안 좋다고 해도 진짜 마음 깊이 서로를 미워하는 경우는 거의 없고 커뮤니케이션 부족이나 오해로 인한 경우가 많다. 그렇기에 리더가 중재하며 제대로 대화할 수 있는 자리를 만들면 놀라울 정도로 쉽게 상황이 개선되고는 한다. 상황에 따라서는 셋이서 식사를 하거나 술을 마시러 가는 것도 좋겠다.

프로젝트 팀이 제대로 운영되기 위해서는 일반적인 조직 이상으로 커뮤니케이션이 중요한데 명확한 목표와 이를 달성하기 위한 조직이라는 프로젝트 팀의 특성 때문에 의사소통은 소홀히 한 채 빡빡한 일정이 강요될 때가 많다. 이럴 때는 목표 달성이 쉽지 않으니 1on1 대화를 통해 서로에게 하고 싶은 말을 하면서 팀의 힘을 강화해 가자.

이해관계자와의
좋은 관계가 중요

앞서 프로젝트 멤버들이 기존 조직의 이해를 프로젝트로 가져오는 것을 피하기 위해서는 가급적 프로젝트에 마음을 열게 하라고 했다. 그러나 기존 조직과 적대적 관계에서는 그 멤버도 프로젝트에 집중할 수 없다. 아무리 프로젝트 리더와 관계 구축이 잘 돼 있다고 해도 기존 조직에서 "거기(프로젝트) 가서 우리 쪽에 유리하게 잘 했어?"라고 매번 체크를 한다면 멤버가 견뎌 내기 힘들다. 그렇기에 **프로젝트 리더는 그 멤버만이 아닌 기존 조직의 리더와의 인간관계를 만들어 두는 것이 좋다**. 멤버와 관계를 구축할 때처럼 깊이 있게 '동지로 만들자' 같은 인간적 관계보다는 확실히 설명하고 책임을 다하여 상대방에게 합리적으로 다가가는 이미지가 좋다. 이를 위해 프로젝트 상황을 각 멤버가 속한 기존 조직 리더와 공유해 간다.

사람들은 '들은 적 없는' 내용에 대해 화가 나기 마련이다. 이럴 때 프로젝트에 파견된 멤버에게 "도대체 어떻게 되고 있는 거야?"라고 추궁하기도 한다. 이렇게 되면 그 멤버도 좋은 기분으로 프로젝트에 참여하기 어렵다. 그렇기에 프로젝트 리더가 미리미리 상황을 공유해야 한다. 그러면 대부분 "아, 공유해 주셔서 감사해요"라고 반응한다. 이럴 때 "○○씨가 프로젝트에 참여할 수 있게 스케줄을 조정해 주셔서 감사합니다."라고 덧붙여 말하면, 상대는 "아이고 아닙니다. 언제든지요~"라고 대답하게 된다.

더불어 그 멤버가 프로젝트에 기여하는 긍정적인 부분이나, 기존 조직을 대표해서 일하고 있는 부분을 강조하여 전달하면 좋다. 이런 말을 들은 상대측 리더는 멤버가 조직으로 복귀했을 때, "오~ 거기서도 잘 하고 있네"라고 말 걸기 쉽고 멤버도 복귀했을 때 기분 좋게 보고할 수 있다.

모든 경우에 적용할 수는 없더라도 프로젝트가 '팀'으로 운영되기 위해 할 수 있는 것은 다 하자는 말이다. 그런 관점에서 굳이 멤버들이 소속된 조직의 리더로 한정하지 않고 모든 이해관계자들이 좋은 마음으로 프로젝트를 응원할 수 있도록 확실하게 상황 공유를 해두자.

마지막 마무리의 중요성

프로젝트 팀이기에 오히려 1on1 대화를 중심으로 관계를 구축하는 것이 중요하다고 말했다. 그렇다면 전체적으로 모여야 하는 상황은 언제일까? 이 또한 기존 조직 때와 다르지 않다. 목표를 공유할 때, 일의 진행 상황을 확인할 때, 멤버 전체가 알아야 할 것을 전달할 때 등 이럴 때는 당연히 전체가 모여야 한다.

프로젝트니까 '오히려' 모일 때도 있다. 프로젝트는 단기간에 성과를 내야 하는 경우가 많다. 단기 프로젝트라면 멤버들의 열정이 높은 상태로 유지되는 것이 좋다.

또한 프로젝트라는 것이 원래 계속되는 것이 아니라 언젠가는 기존 조직으로 돌아가기 때문에 참여한 멤버들이 '이 프로젝트에 참여하기를 잘했어'라고 생각하게 하는 것이 중요한데 이것을 가능하게 만들 수 있는 것이 전체 미팅이다.

하지만 리더 혼자서만 의욕적이고 멤버들은 그렇지 않다면 분위기를 끌어올리기 어렵다. 모두 한자리에 모이는 이유로 '하이파이브High five'를 추천하고 싶다. 프로젝트가 조금 진척이 되면 다같이 모여 하이파이브, 단기 목표를 달성하면 모두 모여서 하이파이브, 마지막에 다같이 모여서 하이파이브 한다. 서로 하이파이브 할 수 있는 분위기가 되면 장시간 친목을 다질 필요도 없다. 꼭 서로 손바닥을 마주치지 않아도 그런 기분만 들면 된다. 한 팀으로 '진척됐다', '조건에 도달했다', '목적을 달성했다'라고 확인한 뒤 다시 각자의 자리로 돌아가면 된다.

> **5장의 POINT**

- ✦ 다조직 프로젝트는
  - ○ 권한과 책임이 명확하지 않다
  - ○ 일상적 관계가 없는 멤버들이 모인다
  - ○ 기존 조직의 이해관계까지 생각해야 해서 까다롭다
- ✦ 기간 한정 프로젝트라고 관계 형성에 소홀해서는 안 된다. 4장에서 말한 것처럼 수평적인 분위기의 모임을 만들자.
- ✦ 프로젝트 팀이기 때문에 오히려 더 1on1 대화를 활용해야 한다. 시간 제약이 있을 때는 매일 5분씩 등으로 시간과 빈도를 조정하자.

6장

모두 함께 내딛는다

6장
모두 함께 내딛는다

_____

예상외의 일은 항상 일어난다

　일반적인 팀이든 프로젝트 팀이든 중요하고 어려운 것은 '실행' 단계다. 아무리 즐겁게 '팀 만들기'를 해도 실제로 '하지 않으면' 의미가 없다. 일이란 실행함으로써 성과로 나타난다. 그렇기에 실행하는 것이 중요하며, 지금까지의 모든 준비 또한 실행을 위한 단계였다. 준비 단계와 실행 단계의 어려움은 다르다. 준비 단계에서는 머릿속으로만 그리면 되지만 실행 단계에서는 예상치 못했던 일이 실제로 생긴다.

　예상치 못한 일은 때때로 부정적이어서 앞으로 나가

기까지는 용기를 내야 한다. 뭔가 시작하는 것을 이미지화 해보자. 아무리 좋은 느낌으로 준비가 됐어도 시작하는 데는 용기가 필요하다. 준비할 때는 설레는 마음뿐 아니라 잘 될지에 대한 두근거림도 생긴다. 실전 시기가 가까워질수록 두근거림은 불안으로 변하고 설레는 마음을 넘어선다. 불안이 높아지면 몸도 잘 안 움직인다.

'이 정도 준비로 가능할까?'

'좀 더 멤버들과 상의해 볼까?'

'실패해서 웃음거리가 되면 어쩌지?'

이런 마음 상태에서 시작하려면 굉장한 용기가 필요하다. 경험이 적으면 적을수록 불안해서 나아가지 못한다. 이것은 팀으로 진행할 때도 마찬가지다. 오히려 리더로서 책임감이 있기에 불안감이 더 커질 수 있다. 리더는 프로젝트의 성패에 책임을 가진다. 이끄는 멤버들의 얼굴을 떠올리면 실패할 수 없다. 시작이 중요하다. 이런 생각으로 불안감은 점차 가중된다.

나 또한 이런 경험이 많았다. 리더로서 새로운 프로젝트를 준비하고 실전을 앞두고, 또 시작할 때 정말로 두

근거렸다. 불안해서 시작하지 못했던 경험도 있고 시작했지만 실패한 경험도 있다. 물류 쪽 일을 할 때 새로운 물류 시스템을 개발한 적이 있는데, 개발부터 시작해서 테스트 시점에서는 대혼란의 상태로 누가 보더라도 절망적인 상태였다. 여러 곳에 피해를 끼치다 보니 인간관계도 삐걱거리게 됐다. '이제 새로운 일은 안 하고 싶다'고도 생각했고, '내가 왜 새로운 시스템을 개발하자고 했지'라고 후회도 했다. 결과를 간단히 말하면 사면초가였던 상태에서 도망가지 않고 정면돌파 했더니 프로젝트를 도와줄 지원군이 하나둘씩 나타나 기적처럼 회복할 수 있었다. 처음에는 수억 원을 낭비한 것 같았지만 시간이 지나자 확실히 비용 절감 효과가 있어서 결론적으로 '손실을 회수할 정도로 효과가 나서 경사스럽다'라는 평이 나왔다.

내 경우는 결과가 좋긴 했지만 초반 상황에서 보자면 엉망진창인 실패 프로젝트일 뿐이었다. 한 번 이런 경험을 하면 뭔가 시작할 때마다 '잘될까?', '괜찮을까?'라는 걱정만 하게 된다. 그러나 모든 상황을 예상할 수는 없다. 완벽한 준비는 불가능하며, 준비 단계에서 그려 본 희망적 상황은 실제로 존재하지 않는다. 늘 예상외의 일이 발생한다. 당연하다. 이것을 다른 말로 하면, 시작하지 않으면 알 수 없다는 것이다. 준비 단계에서는 알 수 없는 일이 반드시 일어난다. 그렇기에 먼저 시도한다. 일단은 내딛는다. 이것이 무엇보다 필요하다.

무사시노 EMC에서는 프로젝트라는 과목이 있다. 개인이나 팀이 생각한 프로젝트를 실제로 구현해 보는 수업인데, 이 과목에서 '지금부터 내일 저녁까지 누군가 한 사람을 행복하게 해주세요'라는 과제가 나온 적이 있다. 학생들은 누구를 행복하게 할지, 어떻게 행복하게 해줄지 고민한 후 모두 교실을 떠나 '행복하게 해줄 상대'에게 향한다. 실제로 '그 사람'을 행복하게 하기 위한 액션을 취한다. 바로 이것이 EMC 교수들이 입버릇처럼 말하는 '우선 시도하기'다.

해보지 않으면 과연 잘될지, 어떤 것이 가능하고 어떤 것을 수정할지 모른다. 미리 모든 것을 예상하기란 불가능하다. 발을 떼기 전에 예상되는 어려움이 있으면 제거

하면 되지만, 해보지 않으면 알 수 없는 것까지 생각하지는 말자. 그냥 진행해 보자.

앞에서 말한 '누군가 한 사람을 행복하게 해주자'는 과제를 받은 학생들 또한 강의실을 나서기 전에 저마다 설렘과 불안이 뒤섞인 표정을 짓고 있었다. 한 사람은 후쿠시마로 가고 한 사람은 도치기로 갔으며 또 다른 사람은 기숙사로 또 한 명은 집으로 돌아갔다. 하지만 '누군가'를 만나 이야기를 나누고 시간을 보낸 뒤에는 상기된 얼굴로 돌아와서 '누군가 한 사람'을 어디서 만났고, '이런 이야기를 했더니 이렇게 되더라'라며 흥분해서 말했다. 다들 각자 예상한 것과는 다른 일이 일어났겠지만 일단 시도하고 도전함으로써 확실하게 결과를 얻은 것이다.

새로운 것은 우선 시도해 봐야 한다. 우선은 한발 내딛는다. 그러고 나면 당연하지만 예상 밖의 일이 생긴다. 새로운 것을 시작할 때는 실패를 전제로 하면 된다.

내딛기 위한 2가지 포인트

실패를 전제로 내딛는다고 해도 회복 불가능한 실패는 피하자. 작은 실수는 오히려 밑거름이 될 수 있으니, 발생할 실수가 밑거름이 되도록 다음의 2가지를 유념하자.

① 작게 내딛는다
② 다 함께 내딛는다

예전에 내가 플러스 유통회사에 있을 때 처음부터 서로 다른 사업부를 통합하는 프로젝트를 이끌었던 적이 있다. 이 통합으로 큰 매출 증가와 비용 절감이 예상됐지만 통합 과정은 수많은 시간을 들여 신중하게 진행했다. 우선 조직 통합부터 시작했다. 영업부부터 시작해서 서로의 일을 병합했다. 두 회사에서 취급하는 품목을 자유롭게 사용하도록 했다. 여기까지는 단지 서로의 영역이 섞였을 뿐 아무런 효과가 없었다. 이후 더 시간을 들여 사내 시스템부터 물류센터의 통합, 취급 품목의 공통화를 추진하며 비용 절감 방안을 진행했다. 카탈로그도 개선하고 영업부를 통합하여 매출 향상을 위한 방안도 추진했다. 큰 프로젝트였지만 1년 반 정도 천천히 진행하며 큰 실패 없이 통합을 완료하고 성과를 냈다. 여기서 효과적이었던 것은 비용 절감을 목표로 단번에 통합하는 것이 아니라 **효과가 미비해도 정리가 쉬운 곳부터 통합해서 토대를 마련해 나갔다는 것이다**. 이것이 '작게 내딛는다'는 것이다.

또 하나 중요한 점은 '다 함께 내딛는다'이다. 모두가 일제히 발을 맞춰 내딛는 것은 당연히 어렵다. 팀원들이 잘 따라오지 못한다면 첫 시작은 혼자서 진행하면 된다. 내가 존경하는 스승인 후지와라 카즈히로 씨의 저서 중에 '혁명은 언제나 단 한 명에서 시작된다'라는 책이 있다. 나 역시 그렇다고 생각한다. 시작은 혼자지만 이후에는 다 함께 나아간다고 생각한다.

내가 무사시노 대학의 니시모토 학장님의 권유로 무사시노 EMC를 시작하려고 생각하고 첫 계획을 세웠을 때도 혼자서 진행했다. 혼자 생각하고 거기서부터 사람들을 모았다. 단 한사람으로 시작하여 사람들이 쫓아오는 것이다. TED에서 데릭 시버스Derek Sivers의 '움직임을 시작하는 법How to start a movement (https://youtube/V74AxCqOTvg)'이라는 영상을 본적이 있는가? 이 영상은 단 한 명이 시작한 행동이 동참하는 사람들로 인해 사회적 움직임이 되어 가는 것을 보여주며 동참하는 사람의 중요성을 전한다. 애초에 누군가 따라서 행동하지 않으면 아무런 움직임도 일어나지 않는다. '혁명은 언제나 단 한 사람으로부터 시작된다'이지만, 이후에는 동참자들과 함께 모두 내딛는 것이다.

혼자 내딛으면 1인분의 힘만 낼 뿐이다. 또한 혼자 내딛는 것은 두렵지만(이 영상의 내용으로는 단지 춤을 출 뿐이지만 실제로는 엄청 어려운 일이다) 모두 함께 내딛으면 우선 움직일 수 있다. 그래서 팀으로 해야 한다. 팀 전체가 함께 하는 것이다.

시작하는 것보다 지속하기가 어렵다

내딛는 것에 대한 초기 관문을 팀으로 극복해야 한다. 이것만 극복하면 팀은 확실히 성장한다. 물론 그렇다고 해도 여전히 '시작'일 뿐이다. 아직은 아무런 성과를 못 내지만 성과를 내기 위한 발걸음을 내딛기만 한다면 이러한 행동을 계속하게 되는 것이다.

오 사다하루王貞治 씨가 감독이던 시절에 이런 말을 했다. '한번 이기는 것보다 계속 이기는 것이 몇 배 어렵다'. 당연한 말이다. 한 번 내딛었다는 것만으로 뭔가를 이루고 만족할 수는 없는 것이다. 우리는 계속 이기는 팀이고 싶다. 그러기 위해서는 '계속하는' 것의 중요성을 인식해야 한다.

계속하기 위해서 필요한 것은 두가지, '뜻'과 '되돌아보기'이다. 1장에서 말했듯이, '뜻'이란 이루고 싶은 무언가를 말한다. '뜻'은 팀의 목적이며 공통의 목적이 있기에 팀이 유지된다. 다시 말하면 우리의 존재 이유인 것이다. 이것을 항상 팀과 공유하여 동기부여가 되도록 하자.

하지만 '뜻'이 있다고 해서 팀이 계속되는 것은 아니다. 뜻을 이루기 위해 근성을 갖고 계속해 나가는 것은 중요하지만 단지 그것뿐이라면 '의욕과 근성'만 남을 뿐이다. 이런 상태가 되지 않도록 계속해서 성장을 경험하는 게 중요하다. 팀이 계속 성장하면 팀도 건강해지고 업무를 의욕과 근성만으로 지속할 필요도 없다. 그러니 '되돌아보기'를 통한 성장을 해나가자. '뜻'은 필수조건이고 '되돌아보기'는 충분조건이다.

팀에서 하는 되돌아보기

어떤 행동을 시작할 때는 생각지도 못했던 일이 생긴다. 무조건 일어난다. 긍정적으로 생각하여 일을 진행하는 과정에서 힌트로 삼을 수도 있다. 이 부분을 이용할지, 못 본 척할지에 따라 향후 성장에서 큰 차이를 보이게 된다. 제대로 되돌아보고, 팀에서 깨달음을 얻고, 이를 다음 행동에 반영하여 수정하고 시행해야 개인도 팀도 성장할 수 있다.

되돌아볼 거리는 많다. 이 사이클을 통해 팀을 성장시키는 것이 리더의 몫이다. **되돌아보기를 습관화하자.** 이벤트나 기획을 진행할 때 일이 완료되면 팀에서 다 함께 되돌아본다. 구체적으로는 다음과 같은 단계로 한 사람씩 의견을 말한다.

① 소감을 말한다("즐거웠어요" 정도도 좋다).

② 거기서 얻은 배움이나 깨달음을 생각해서 말해 본다 (각자의 소감을 일반화해 본다).

③ ②를 근거로 앞으로 어떻게 할지 생각해 보고 의견을

말한다(미래로 연결하자).

시간이 걸려도 좋으니 기회가 될 때마다 되돌아보기를 해보자. 팀원 중에는 말로 표현하는 것을 어려워하는 사람도 있겠지만 그래도 이야기를 듣는다. 계속 말하지만 입 밖으로 말을 꺼내는 것이 중요하다. 이렇게 함으로써 개인이 성장함과 동시에 팀에도 경험이 쌓이고 이것을 바탕으로 더욱 나아갈 수 있다. 경험을 축적하고 이를 일반화해 간다. 이렇게 팀의 실력을 만들어 가는 것이다. 이것이 가능한 팀은 계속 이길 수 있다.

또한 팀원마다 의욕에 차이가 있다. 누구나 상태가 좋을 때와 좋지 않을 때가 있기 마련이다. 혼자서 무언가를 하려고 하면 이런 상태의 영향을 고스란히 받는다. 그러나 팀으로 하게 되면 의욕의 균형을 잡을 수 있다. 의욕이 균형 있게 유지될 때 지속적인 성과로 이어지기 쉽다. 이것은 내가 감정기복이 심한 편이기에 누구보다 잘 안다.

모두 함께 진행하면 감정기복을 관리하기도 수월하다. 전체 회의에서 전반적으로 동기부여를 하며, 1on1 대화에서는 팀원 개개인을 다독인다. 전체 회의와 1on1를 반복하며 팀원과 팀 전체 분위기를 안정적이고 높은 수준으로 가져가는 것이다.

> **그림 6-1 1on1 대화로 팀의 방향을 다듬어 간다**

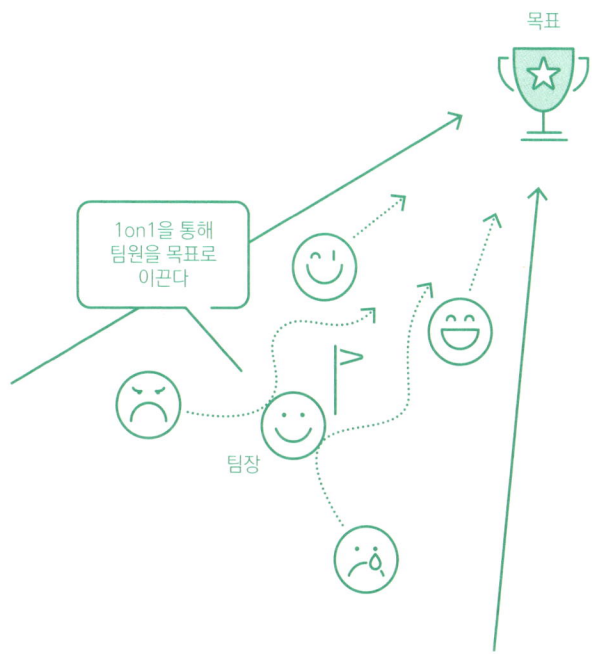

궤도 수정의 타이밍을 놓치지 않는다

팀장은 팀으로 일하면서 한 가지를 더 의식해야 한다. 바로 궤도 수정의 타이밍이다. 팀장이 팀원을 24시간 내내 지켜보지는 않는다. 팀장도 할 일이 있고 거기에 집중해야 할 때가 있다. 그렇기에 팀장은 '긴급상황' 여부를 판단해야 한다. 앞서 긴급상황의 리더는 '나를 따르라'는 태도여야 한다고 말했지만 그렇다고 계속해서 지시만 하라는 말은 아니다. 상황을 살피고 궤도의 수정이 필요하다면 적절한 시기에 그것을 지시할 수 있는 존재여야 한다.

내가 플러스 주식회사의 유통 회사에서 물류 책임자로 있을 때 일이다. 그 무렵 오피스 용품을 취급하는 물류센터는 오사카와 도코로자와 2곳에 있었는데 수요가 많아지는 3월에 오사카 물류센터로 시찰을 갔다. 그곳은 수천 평의 땅에 수만 개의 물품을 보관하고, 하루에도 몇 억 엔 단위의 다양한 아이템을 출하하기 위해 컨베이어 벨트가 여기저기 놓여 있다. 그 물류센터에는 100명 이상의 직원들이 근무한다.

3월에는 수요가 한꺼번에 증가한다. 비수기와 비교하면 1.5배~2배의 물량이 된다. 각 파트별로 직원들이 바쁘게 상품을 꺼내서 컨베이어 벨트에 올려놓는다. 최종적으로는 그것을 포장해서 대기하고 있는 트럭에 싣는다. 누구 하나 가만히 있는 사람없이 모두가 바쁘게 포장을 하거나 상품을 운반, 보충한다. 그때 주문 마감 시간인 19시 직전에 갑작스러운 주문이 들어왔고 전쟁터를 방불케하는 대혼란이 일어나서 직원들은 공황상태가 됐다.

이때 센터장이 센터 전체가 보이는 곳으로 천천히 올

라가 모두가 움직이는 모습을 바라봤다. 그는 미동조차 없었다. 본인도 손을 보태야 할 상황이지만 그저 바라만 봤다. 지시하지도 않고 그저 보고만 있었다. 나는 그 사람이 어떻게 행동할지 궁금해서 계속 지켜봤는데, 어떤 순간에 무선 단말기로 누군가에게 연락을 했다. 그게 유일한 행동이었다. 그가 그 자리에 서 있기 시작한 시간이 대략 19시였고 상황이 얼추 수습된 것은 21시였는데, 그 2시간 동안 그가 무언가를 지시한 것은 그때 딱 한 번뿐이었다. 그때는 어느 파트에서 제품 반출이 생각보다 빠르게 진행되어 다음 단계로 이동하기도 전에 컨테이너가 막혀 버렸다. 컨베이어 벨트에 큰 정체가 생겼고 그대로 방치하면 작업자들이 대기해야 하는, 이른바 '병목현상(물류 막힘)'이 발생했던 때였다.

물류센터는 살아 움직이는 조직이다. 물량이나 주문 빈도, 주문이 들어오는 상황에 따라, 물류 유통에 차질이 발생하는 장소와 시간도 그날그날 달라진다. 사소한 문제는 매일같이 발생하고 그런 부분은 해당 파트의 리더가 해결해 나간다. 그렇기에 대개 센터장이 직접 지시하지는 않는다. 그날 있었던 병목현상은 시스템 전체에 영향을 주는 것이었다. 내가 봐도 확실히 컨베이어의 흐름이 나빠져서 전체 작업 효율에 지장을 줄 것처럼 보였다. 이런 징후가 보일 때 센터장이 무선으로 지시를 내려서, 컨베이어에 오리콘(접이식 컨테이너)을 내보내는 양을 줄이고 인력 배치를 바꿔 흐름이 원활해질 때까지 기다렸다. 이후에는 센터의 상황을 지켜보고 무선으로 보고만 받을 뿐이었다. 이미 10년 전 일이었는데 그때 센터장이 장승처럼 버티고 선 모습이 훌륭하고 멋있는, '리더의 한 형태'로 내 머릿속에 강하게 남아있다. 이처럼 궤도수정의 타이밍을 리더는 놓치지 말아야 한다.

나중에 물류센터장에게 들어보니 그는 매일 현장을 둘러보면서 원활한 움직임이 어떤 것인지 병목현상은 언제 발생하는지 차곡차곡 숙지하고 있었다고 한다. 그렇기에 '앗, 이건 위험한거 같은데……'라고 느낀 순간에 지시를 내릴 수 있었던 것이다. 즉 리더는 지켜보는 것, 세심한 눈으로 팀원 한사람 한사람의 상황이나 움직임을 현미경 같은 시점으로 매일 계속해서 봐야 한다. 그리고 적절한 타이밍에 단번에 궤도를 수정한다. 구성원은 쉽게 할 수 없다. 주변을 세심하게 지켜보기보다는 본인에게 주어진 업무를 제대로 수행하는 것이 우선이다. 그렇기에 상황을 지켜보는 것은 기본적으로 리더에게 주어진 역할이다. 리더가 살펴보고 있기에 구성원들이 안심하고 자신의 일에 집중할 수 있다.

팀장의 조언은 어디까지 가능한가?

 팀장의 기본 행동 방침은 긴급상황에는 '나를 따르라', 평상시에는 '당신 먼저'라고 설명했다. 평상시 팀원은 각자 주체성을 갖고 자기 생각대로 행동할 수 있어야 한다. 긴급상황에는 그럴 여유가 없으니 리더가 지시하여 행동할 수 있게 한다. 기본은 이렇지만 긴급상황이라고 하나부터 열까지 다 지시해도 좋은 것은 아니다. 또한 평상시라도 방향의 전환이 필요한 경우에는 지시가 필요하기도 하다. 최대의 성과를 목표로 멤버의 성장도 함께 이룰 수 있는 최적의 답을 내기 위해서는 유연하게 대처해야 한다.

한가지 주의할 점은 리더라면 항상 자기 나름의 해답을 갖고 있어야 한다는 것이다. 언제든 지시나 의견 전달이 가능할 수 있게 미리 생각해 두어야 한다. 물론 실무자인 팀원들처럼 세세하게 모든 것을 알 필요는 없다. 오히려 그들처럼 모든 것을 알려고 해서도 안 된다. 그러다 보니 '자세히 알고 보니 다르네'라는 생각을 할 수도 있다. 그렇더라도 지켜보는 입장으로 '지금 필요한 조언은 이거겠지'라고 항상 생각해 둬야 한다. 모든 것을 알 수 없는 불완전한 정보일지라도 가설을 세우고 계속해서 답을 내야 한다. 모든 것에 대한 조언은 어렵지만, 정보가 불완전한 상태에서도(대부분의 정보는 불완전하다) 가설을 기반으로 답을 내놓는 것이다.

나는 기본적으로 대부분의 것들에 대해 '가상의 대답'을 준비하고 있다. 그 '가상의 대답'을 준비해두면 여유를 갖고 팀 매니지먼트를 할 수 있고, 갑자기 팀원이 빠지더라도 자연스레 내가 대신 참여할 수 있다. 이 '가상의 대답'은 팀원에게 굳이 전달할 필요 없다. 상황에 따라서 입 밖으로 낼지 말지 판단하면 된다. 팀원이 주체적으로 의견을 결정하면 팀원의 행동을 칭찬하면 된다.

우리는 '제대로 된 지시를 해주는 팀장이 신뢰받는다'라고 생각하지만 꼭 그렇지만은 않다. 때와 상황에 따라 다르다. 참견을 하지 않는 것도 의도적일 수 있다. 팀장으로서의 신뢰는 '지시사항이 얼마나 수행되는지'가 아닌, 팀원들과 얼마나 진솔한 관계인지, 그리고 팀의 성장을 어느정도 생각하고 실행해 나가는가에 달려있다.

> **6장의 POINT**

✦ 대부분의 일들은 아무리 준비해도 실제로 해 보지 않으면 알 수 없다. 한걸음을 내딛는 2가지 포인트는 '작게 내딛는다'와 '다 함께 내딛는다'이다.

✦ 성과를 내기 위해서는 지속적으로 행동하는 것이 가장 중요하다. 계속 행동하기 위해서는 성장을 실감할 수 있게 팀 내에서 '되돌아보기'를 습관화하자. '되돌아보기'는 다음과 같이 한다.
① 감상을 말한다
② 배움이나 깨달음을 생각해 보고 말한다(일반화)
③ 앞으로 어떻게 할지 생각해서 말한다(미래로 연결)

종장

당신은 어떻게 하시겠습니까?

종장
당신은 어떻게
하시겠습니까?

마지막, 스스로 변화할 결심하기

"리더십이나 매니지먼트 능력을 어떻게 하면 자연스럽게 익힐 수 있을까요?"

"팀 분위기를 좋게 하려면 어떻게 해야 할까요?"

위와 같은 질문을 자주 듣는데, 그럴 때마다 항상 "정답은 없어요"라고 대답한다. 리더십에서는 먼저 자기 주도, 즉 자신을 이끄는 것이 무엇보다 중요하고 이것이 가장 큰 전제조건이다. 그러나 상황에 따라 선택지가 달라진다. '지금까지처럼 혼자 하는 게 빠르고 편하니까 가능하면 혼자 해야지'라는 선택지와 '지금보다는 조금 더 큰 일을 하고 싶으니 팀을 만들고 성장시키고 싶어'라는 선택지가 있다. 이것은 각자의 판단에 따라 다르다.

'빠르게 가고 싶으면 혼자가 낫지만 멀리 가고 싶으면 다같이 가라'는 아프리카의 속담처럼, 무언가 큰 일을 하고 싶다면 팀을 이루어 시작하는 게 훨씬 낫다. 지금까지 '멀리 갈 수 있는' 팀의 공통점을 설명했다. 다시 한번 되새겨 보자.

- 서장 리더가 가장 중요시할 것: 팀원 개개인의 강점 살리기
- 1장 개인의 강점을 살리는 '수평적인 모임'
- 2장 지시보다 중요한 것은 경청
- 3장 모두가 주체적으로 발언하는 '회의' 만들기
- 4장 팀의 목표를 설정한다
- 5장 다양한 조직으로 구성된 '수평적 팀'을 만드는 방법
- 6장 모두 함께 내딛는다

이것을 쉽게 바꿔 말하면 다음과 같다.

- 팀장의 할 일은 구성원을 성장시키는 것이다
- 이를 위해 수평적 분위기를 만들다
- 그리고 팀원의 생각을 듣는다
- 회의장에서도 부담 없이 의견을 나눈다
- 팀은 목표를 공유하고 있기에 팀이다
- 이는 여러 조직의 사람들이 섞인 경우에도 마찬가지다
- 시도하고 계속하는 것이 중요하다

이것을 보면 알겠지만 팀장으로서 팀을 만들어 나갈 때 중요한 것은 결코 스킬이 아니다. 당신이 해야 할 일은 간단하다.

- 수직적인 구조가 아닌 수평적 구조로
- 자신이 아닌 팀원을 키운다
- 이를 위해 팀원의 이야기를 듣는다

이게 전부이다. 내 마인드, 즉 내 태도에 달려 있다. 전혀 어려울 게 없다. 시간을 갖고 스킬을 익히는 게 아니라 내 마음가짐을 정하면 된다. 그냥 하라! Just Do It!

고정관념을 버리고 수평적으로 변화하자

물론 사람은 좀처럼 변하기 어렵다. 지금까지의 생각과 실행해 온 것을 부정하고 새로운 태도를 갖는 것은 어찌 보면 그동안의 자신을 부정하는 것으로 여겨질 수도 있다. 만약 태도를 바꾸는 것이 어렵게 느껴진다면 당신 안에 '바꿀 수 없는 고정관념'이 있을지 모른다. '상사'와 '부하'라는 표현으로 비유해 보자(원래는 팀장과 팀원이라고 하는 편이 좋다).

- 상사는 부하보다 훌륭하다

겉으로 드러내지는 않더라도, 자신이 오랜 시간에 걸쳐 이 자리에 '올라왔다'는 생각에 나름의 보상을 얻어야 한다고 생각하고 있지는 않을까? '난 팀장이니까 팀원보다 큰 책상에 앉고 싶어', '더 좋은 의자에 앉고 싶어'라고 생각하고 있지는 않을까? 지금까지 말했듯이 '상사'는 단순히 기능적인 측면의 개념이다. 이에 대해서도 '머리로는 이해가 되지만 사실 공감은 안되네'라고 생각되는가? 다시 말하지만 중요한 것은 '역할 혹은 기능'이다. 그렇기에 '훌륭하다'는 것은 존재하지 않는다. 상사라고 부르더라도 상하 관계는 아닌 것이다.

- 부하는 상사를 뒷받침하는 존재이다

'상사의 역할', '부하의 역할'이 무엇인지 생각해 본 적 있는가? 속으로 부하는 자신을 위해 일하는 존재라고 생각하지는 않는가? 겉으로는 "수평적인 게 좋지"라고 말하지만 실제 행동에서는 기본적으로 상사가 지시하면 부하가 따른다는 식으로 일하지 않았을까? 하지만 그 반대로 생각해야 한다. 팀장은 '어떻게든 해내는 사람'이다. 팀이 목표를 달성할 수 있도록 팀원들이 활약할 수 있게 모든 것을 하는 존재로서, 팀원을 지원해야 하는 것이다.

- 부하에게 나의 의견을 말하는 것은 중요하다

'의견을 전하는 것은 항상 상사다'라고 생각하고 있지는 않은가? 상사인 내가 지시하고 그 지시에 따라 부하들 모두가 움직이길 바라는 건 아닐까? 물론 팀장으로서 생각을 전하는 것은 중요하다. 하지만 상사라면 자신이 부하에게 이야기하는 것만큼 부하의 생각을 듣는 것도 중요하다. 내가 생각하는 만큼 부하들도 각자 다양한 생각을 갖고 있다. '이런저런 이야기를 다 들어주고 어떻게 일을 진행하지?'라고 생각하지는 않는가? '1on1 대화 말이야…… 이상적이긴 한데 나는 시간이 없어서 못해'라고 생각하지는 않는가? 바로 이런 사고방식을 고치는 게 중요하다. 직속 부하의 수가 많아 힘들다면 팀을 나누면 된다. 시간이 없어서 못 한다면 다른 일정에 앞서 1on1 시간부터 확보하면 된다.

위와 같은 고정관념을 지니고 있으면 이 책에서 설명한 방법을 실행할 수 없다. 팀원들에게 동기부여를 할 수 없으며 성과도 안 나온다. 그러니 본인이 이런 사고방식을 갖고 있지 않은지 점검해 보자.

1장에서 언급한 것처럼, 현대사회는 '다양성과 포용성', 즉 '사람은 모두 다르지만 그 다름 또한 다 좋다'라는 대전제를 바탕으로 점점 수평적으로 변화하고 있다. 아직까지 수직적 구조가 유지되는 회사도 있겠지만 그러한 회사도 앞으로는 점점 수평적 구조로 변할 수밖에 없다. 세계의 흐름이 그렇다. 인터넷으로 여러 곳의 다양한 것들과 연결되는 것은 우리의 일과 생활에 수많은 영향을 줌으로써 사회의 수평화를 촉진하고 있다.

수직적 구조를 좋아하느냐 수평적 구조를 좋아하느냐는 가치관에 따라 다르니 어느 쪽도 상관없다. 상사는 부하보다 훌륭하다고 생각하는 것도 본인의 자유다. 하지만 사회는 당신이 어떤 생각을 하든 점차 빠른 속도로 수평적이 되어간다. 업계나 회사에 따라 다르지만 최종적으로는 수평적으로 변화할 것이다. 지금도 이미 많은 곳이 변했고 앞으로 더 속도를 낼 것이 확실하다.

당신은 변화할 수 있는가? 지금까지 당신이 경험했던 것을 부정해야 할지도 모른다. 그렇게 되면 괴롭겠지만, 변화할 수 있느냐 없느냐는 당신이 무엇을 이루고 싶은지에 달려 있다. 얄팍한 자존심을 지키는 것도 삶의 방식일 수 있으나, 더 많은 고객과 이용자를 유치하고 주변 사람들의 미소를 보기 위해 팀에서 성과를 내는 것이 중요하다면 그런 자존심은 버려도 되지 않을까?

자, 당신은 어떻게 하겠는가?

마치며

최근 10년정도 간부 매니지먼트 연수, 신임 팀장 연수, 팀장 후보자 연수 등 여러 회사와 계층에 있는 사람들과 정말 많은 대화를 했다. 모두가 정말 진지하게 매니지먼트 업무를 하고 있었다. 모두 어떻게 하면 좋을까 고민하고 결과가 안 나올 때 괴로워했다. 승진하고 싶지 않다거나 계속 실무자로 일하고 싶다는 사람들도 정말 많았다. 나는 왜 업무에 임하는 자세에 따라 성과에 차이가 나는지, 왜 매니지먼트 업무를 싫어하는 확률이 높은지에 대해 열심히 생각해 봤다.

나도 여러 팀에서 일하면서 팀의 성과를 극대화하는 방법에 대해 시행착오를 반복해 왔다. 이를 통해 알게 된 것은 리더나 팀장에게 요구되는 자세가 시대의 변화에 따라 달라졌다는 것이다. 핵심은 '팀원 한사람 한사람'이다. '팀 매니지먼트'라는 대단한 기술이 있는 게 아니다. 리더로서 팀장이 할 일은 '팀원 한사람 한사람과 수평적 위치에서 마주하고 다가서는 것'임을 확신했다. 중요한 것은 기술이 아니라 임하는 자세인 것이다.

생각해 보면 당연한 이야기다. 개인이 마음먹은 대로 그 재능과 열정을 발산할 수 있다면 능력을 최대로 발휘할 수 있기 때문이다. 이렇게 간단한 원리를 나 자신도 최근에서야 깨닫게 되었다. 이것은 내가 새롭게 발견된 게 아니다. 이 책의 참고문헌들에 있는 사고방식이 근간을 이루고 오늘날 인사와 관련한 거의 모든 곳에서 말하고 있는 부분이기도 하다.

이 책은 그 자세에 대한 개요와 이를 따르면 팀 매니지먼트가 이렇게 될 것이다라는 내용을 담은 것이다. 나의 새로운 주장이라기보다는 지금 우리 모두에게 요구되는 자세라고 생각한다. 이런 마음을 담아 '원 팀으로 이끄는 팀장 리더십'이라 제목을 지었다.

이 책은 그동안 내가 접하고 연수와 강연에서 만난 수

많은 고민하는 리더들과의 논의와 대화를 통해 탄생했다. 지금껏 만난 모든 분들께 진심으로 감사드린다. 그리고 이 책을 출판하는데 많은 논의와 대화로 도움을 주신 주식회사 디스커버 트웬티의 야스나가 히메나 씨와 다쓰미 요시이 씨의 리더십과 매니지먼트 덕에 나의 재능과 열정을 풀어낼 수 있었다. 정말로 감사의 인사를 전한다.

이제부터 시작이다. 우리 팀은 분명히 좋은 결과를 낼 수 있다. 모두가 활기차게 일하는 회사를 같이 만들어 갑시다.

참고문헌

『リーダーシップの旅 見えないものを見る 리더십의 여행, 보이지 않는 것을 보다』 노다 도모요시野田智義, 카나이 토시히로金井壽宏, 光文社

『最軽量のマネジメント(サイボウズ式ブックス) 최경량 매니지먼트』 야마다 사토시山田理, ライツ社

『Dark Horse「好きなことだけで生きる人」が成功する時代 Dark Horse 좋아하는 것만 하고도 성공하는 시대』 Todd Rose, Ogi Ogas, 이토 요이치伊藤羊一해설 오우라 치즈코大浦千鶴子번역, 三笠書房

『他者と働く「わかりあえなさ」から始める組織論 타인과 일하기 - 이해하지 못하는 것에서 시작하는 조직』 우다가와 겐이치宇田川元一, News Picks

『最高のリーダー、マネジャーがいつも考えているたったひとつのこと 최고의 리더, 매니저가 항상 생각하는 단 하나』 Marcus Buckingham, 카가야마 타쿠로오加賀山卓朗 번역, 日経

BP

『マネジャーの最も大切な仕事95％の人が見過ごす「小さな進捗」の力 매니저의 가장 중요한 일 - 95%가 간과하는 '작은 진보'』Teresa Amabile, Steven Kramer, 나카타케 류우지中竹竜二監修 히구치 타케시樋口武志 번역, 英治出版

『ヤフーの1on1部下を成長させるコミュニケーションの技法 야후의 1on1 - 부하를 성장시키는 커뮤니케이션 법』혼마 코스케本間浩輔, ダイヤモンド社

『1on1ミーティング「対話の質」が組織の強さを決める 1 on 1 미팅 - 대화의 질이 조직의 결속을 결정한다』혼마 코스케本間浩輔 요시자와 코타吉澤幸太, ダイヤモンド社

『シリコンバレー式最高の育て方人材マネジメントの新しい常識1on1ミーティング 실리콘 밸리식 최고의 육성법 - 인재 관리의 새로운 상식 1on1 대화』세코 시이치世古詞一, かんき出版

『心理的安全性を高めるリーダーの声かけベスト100 심리적 안정감을 높이는 리더의 말 베스트 100』다나카 겐田中弦, ダイヤモンド社

『LISTEN 知性豊かで創造力がある人になれる LISTEN 지성이 풍부하고 창의력있는 사람이 된다』Kate Murphy, 시노다 마키코간篠田真貴子監 마츠마루 사토미松丸さとみ번역, 日経BP

『1分で話せ2【超実践編】 1분안에 말하라 - 실천편』이토 요이치伊藤羊一, SBクリエイティブ

『FREE FLAT FUN』이토 요이치伊藤羊一, KADOKAWA

원 팀으로 이끄는 팀장 리더십

첫판 1쇄 펴낸날 2024년 11월 28일

지은이 이토 요이치
옮긴이 방혜미
디자인 신미경

펴낸곳 해피한가 | **펴낸이** 김완규
출판등록 2021년 2월 22일 제385-2021-000011호
주소 경기도 안양시 동안구 시민대로 230 평촌아크로타워 B305-150
(우편번호 14067)
이메일 happy_han-ga@naver.com

ⓒ해피한가, 2024
ISBN 979-11-974869-8-2(03190)

* 이 책의 판권은 지은이와 해피한가에게 있습니다.
* 이 책 내용의 전부 또는 일부를 재사용하려면 반드시 양측의 서면 동의를 받아야 합니다.